I0154965

El cristianismo primitivo

Un apasionante recorrido por la vida de Jesús, los doce apóstoles, la conversión de Constantino y otros acontecimientos de la historia cristiana

© Copyright 2024

Todos los derechos reservados. Ninguna parte de este libro puede ser reproducida de ninguna forma sin el permiso escrito del autor. Los revisores pueden citar breves pasajes en las reseñas.

Descargo de responsabilidad: Ninguna parte de esta publicación puede ser reproducida o transmitida de ninguna forma o por ningún medio, mecánico o electrónico, incluyendo fotocopias o grabaciones, o por ningún sistema de almacenamiento y recuperación de información, o transmitida por correo electrónico sin permiso escrito del editor.

Si bien se ha hecho todo lo posible por verificar la información proporcionada en esta publicación, ni el autor ni el editor asumen responsabilidad alguna por los errores, omisiones o interpretaciones contrarias al tema aquí tratado.

Este libro es solo para fines de entretenimiento. Las opiniones expresadas son únicamente las del autor y no deben tomarse como instrucciones u órdenes de expertos. El lector es responsable de sus propias acciones.

La adhesión a todas las leyes y regulaciones aplicables, incluyendo las leyes internacionales, federales, estatales y locales que rigen la concesión de licencias profesionales, las prácticas comerciales, la publicidad y todos los demás aspectos de la realización de negocios en los EE. UU., Canadá, Reino Unido o cualquier otra jurisdicción es responsabilidad exclusiva del comprador o del lector.

Ni el autor ni el editor asumen responsabilidad alguna en nombre del comprador o lector de estos materiales. Cualquier desaire percibido de cualquier individuo u organización es puramente involuntario.

Índice

Introducción

Un salvador, un profeta, un buen hombre: a pesar de las diversas opiniones sobre el papel que desempeñó Jesús, la historia está de acuerdo en su existencia y en el impacto que sus palabras tuvieron en el mundo. Lo que enseñó revolucionó el mundo judío de su tiempo. ¿Por qué? ¿Qué tenían de profundo su existencia y sus enseñanzas para que miles de personas cambiaran de vida y de culto?

Es importante comprender la posición, el pensamiento y la cultura judía de la época. Esperaban a alguien que los salvara, pero ¿de qué? ¿Cumplió Jesús con sus expectativas? El contexto histórico que rodea los años anteriores y no muy posteriores al nacimiento de Jesús nos ayuda a comprender por qué Jesús fue una figura tan importante y cómo el clima político y social afectó al nacimiento del cristianismo.

Este viaje por el cristianismo primitivo comenzará unos cien años antes del nacimiento de Jesús y analizará algunos de los aspectos más notables de su vida y sus enseñanzas. Continuará a través de lo que sabemos sobre la vida de Jesús y el mensaje que predicó. Veremos el impacto que tuvo Jesús en los hombres que se convirtieron en sus primeros discípulos y cómo empezó a difundirse su mensaje. La historia de Jesús como hombre en la Tierra termina con su ejecución a la relativamente joven edad de 33 años. A pesar del poco tiempo que formó parte de la historia, no fue el final de su legado, sino solo el principio.

Sus enseñanzas continuaron a través de amigos íntimos como los apóstoles Juan y Pedro, así como de evangelizadores y escritores como

Lucas, Pablo y Timoteo, entre muchos otros. Sus antecedentes, a quién escribían, con quién hablaban y por qué, nos dan una idea de lo que estaba ocurriendo cultural y religiosamente durante esta época de grandes cambios.

Con el tiempo, el mundo judío experimentó una gran agitación política y la catastrófica pérdida de su centro de culto a manos del férreo ejército del Imperio romano. Las incipientes congregaciones cristianas también se vieron afectadas por la agitación provocada por el dominio imperial. ¿Cómo era la vida de los primeros cristianos? ¿Cómo se organizaron en un contexto político tan caótico? ¿Cómo pudieron sobrevivir a la intensa persecución y mantenerse intactos como una entidad unida?

A través de los evangelios y las epístolas, resulta evidente que el cristianismo no era solo cosa de hombres. No fueron ellos los únicos que se sintieron movidos por las enseñanzas cristianas, ni los únicos que se enfrentaron al fuego de la persecución. Numerosas mujeres de la congregación cristiana primitiva son mencionadas por su nombre y señaladas por su fe y sus buenas obras. ¿Cuál era el punto de vista de los primeros cristianos sobre las mujeres, especialmente en comparación con el punto de vista judío? ¿Quiénes fueron algunas de las mujeres importantes cuyos nombres están grabados en la historia cristiana primitiva?

Este paseo por la historia del cristianismo primitivo permitirá conocer no solo las primeras congregaciones cristianas y sus enseñanzas, sino también los relatos de testigos presenciales y de quienes vivieron su nacimiento y progresión. También se explicará cómo las cosas empezaron a evolucionar lentamente a medida que cambiaba el escenario político.

El cristianismo primitivo dejó su huella en la religión, el culto, el arte y la cultura. Como un extra, este libro explora algunas obras de arte de los primeros cristianos y sus significados, así como lo que podemos aprender sobre la vida y el cristianismo a través de la creatividad de quienes lo vivieron.

Capítulo 1: Orígenes y antecedentes

El pueblo judío estaba impaciente. Se acercaba el momento que habían estado esperando durante más de mil años: la aparición del Mesías profetizado. La mayoría estaba familiarizada con las palabras de los profetas anteriores y comprendía la cronología general de los acontecimientos tal como se exponía en los escritos proféticos. ¿Qué es lo que sabían justo antes del nacimiento de Jesús que los llevó a creer que pronto nacería?

A los judíos no se les había dejado adivinar quién sería el Mesías mediante información vaga o confusa. Aunque no sabían cómo se llamaría, los escritos judíos[1] contenían cientos de profecías con detalles que les ayudarían a identificar al Mesías una vez que llegara. ¿Cuáles eran algunos de ellos?

Incluso aquellos que no creían que Jesús fuera el que estaban esperando reconocían ciertos hechos sobre el Mesías, es decir que tendría un linaje real. Sería descendiente del rey David, de la tribu de

---

[1] La mayoría se incluyen entre los libros de las Escrituras hebreas (también conocidas como Antiguo Testamento). Los libros que contienen profecías sobre Jesús abarcan a varios autores y periodos y se escribieron en pergaminos durante este periodo y antes. Según Alfred Edersheim en su libro *La vida y la época de Jesús el Mesías*, los escritos hebreos contienen más de 400 profecías sobre el Mesías que llegaría. De hecho, la totalidad de las Escrituras hebreas está relacionada de alguna manera con el Mesías y es un camino virtual hacia su existencia.

Judá. Las profecías hebreas especificaban el lugar donde nacería: Belén Efrata[2]. Sin embargo, ¿cómo sabrían los judíos *cuándo* esperar a este Mesías?

Profetas muy apreciados por el pueblo judío, como Daniel, proporcionaron una cronología de cuándo aparecería el Mesías. Daniel 9:25 (Rotherham) afirma: «Desde la salida de la palabra para restaurar y reconstruir Jerusalén» hasta el Mesías (que literalmente significa Ungido) habría sesenta y nueve semanas[3]. Esa «palabra» o decreto real fue dada por el rey persa Artajerjes Longímano en el año 455 a. e. c. cuando permitió a los judíos exiliados regresar y reconstruir Jerusalén. ¿Qué sucedió sesenta y nueve semanas después de ese decreto? Nada importante.

Sin embargo, la Enciclopedia Judaica afirma que la comprensión del término «semanas» sería en realidad semanas de años (una «semana» equivale a siete años) un método de cálculo que no era infrecuente para los judíos. Por ese cálculo, siete veces sesenta y nueve, los judíos llegaron a 483 años desde el 455 a. e. c.. Como no había año cero, 483 años situarían la llegada del Mesías en el 29 d. C. ¿Sucedió algo notable durante ese año? Sí, fue el año en que Jesús fue bautizado y comenzó su ministerio.

Aunque no parece que los judíos supieran el día, el mes o el año exactos en que vendría el que esperaban, tenían una idea general y esperaban su llegada no mucho después del primer cuarto de siglo. Justo después del nacimiento de Jesús, Lucas 2:38 dice que la profetisa Ana contó el acontecimiento a «todos los que esperaban la liberación de Jerusalén»[4].

¿Por qué esperaban los judíos, incluido el historiador Flavio Josefo, con tanta impaciencia la liberación, y de quién? El contexto histórico

---

[2] Durante ese tiempo, dos ciudades llevaban el nombre de Belén. Una estaba en Zabulón. Sin embargo, Miqueas 5:2 especifica que el Mesías nacería en la pequeña ciudad de Belén Efrata, en Judea, la misma ciudad en la que nació el rey David. Aunque ha habido debate sobre el lugar de nacimiento de Jesús debido a que se lo llamaba nazareno, la designación se le dio porque se crió en la ciudad de Nazaret.

[3] La Enciclopedia Judaica señala que habría setenta semanas, pero el «príncipe ungido» sería eliminado, o asesinado, cerca del final de la septuagésima semana.

[4] La ciudad de Jerusalén albergaba el templo y era el centro espiritual de culto del pueblo judío, lo que la convertía en un lugar de gran valor y significado.

nos ofrece una visión clara de la situación que se vivía a principios del siglo I.

Relaciones con Grecia y Roma

El poderoso Alejandro Magno había muerto, y cuatro de sus generales se habían repartido su imperio. Dos generales, Antígono y Ptolomeo, se repartieron Judea por la mitad. Aunque no tenían el mismo poder que el hombre que les precedió, continuaron su empeño de extender el helenismo por todo el imperio, lo que acabó llamando a la puerta de los judíos de Judea.

Al menos al principio, los judíos estaban resentidos con los griegos y encontraban aborrecible la cultura pagana griega. En particular, el gran panteón de los coloridos dioses de los griegos estaba muy en desacuerdo con la creencia judía en un Dios Todopoderoso. Los griegos vestían ropas que los judíos habrían considerado inmodestas, por no mencionar la lucha libre desnuda y la prevalencia de la homosexualidad — violaciones de la ley bíblica. La imposición de estas influencias dificultaría la tarea de mantener la pureza de su culto, un elemento fundamental de su identidad.

Pero a medida que la cultura griega se extendía por Jerusalén y sus alrededores, los judíos tuvieron que elegir. Muchos optaron por la vía tradicional y se mantuvieron al margen de las influencias paganas. Otros judíos vieron que la única forma de salir adelante y alcanzar un estatus de élite era tener una filosofía de «si estás en Las Vegas» (o, en este caso, en Grecia): aprendieron griego, dieron a sus hijos una educación griega y se helenizaron hasta cierto punto. Se formó un cisma entre las dos líneas de pensamiento, y en Jerusalén comenzó un revuelo sobre hasta qué punto era aceptable la helenización.

Muchos de los nobles y sacerdotes de Jerusalén eran partidarios de adoptar más plenamente la cultura griega. En el año 175 a. C., el sumo sacerdote Jasón mandó construir en la ciudad un gimnasio de estilo griego (un centro educativo griego) y otros edificios griegos[5]. Incluso pagó al gobernante seléucida Antíoco Epífanes (Antíoco IV) para que calificara oficialmente a Jerusalén de ciudad griega. Más que un simple avance, se trataba de un movimiento de poder. El establecimiento de un gimnasio tentaría a las familias prominentes que estaban en contra de la

---

[5] En esa época, Jerusalén y la población judía no tenían un gobernante político, pero el sumo sacerdote era considerado su líder espiritual y cuasi político.

helenización. Si querían educarse y educar a sus hijos, tendrían que hacerlo a través de un sistema educativo griego.

Antíoco IV también ofreció la ciudadanía griega a los judíos: cualquiera que quisiera la distinción y los beneficios de la ciudadanía griega debía tener una educación griega. En el caso de los varones, esto no solo significaba un aprendizaje académico, sino también una formación militar griega.

Los problemas empezaron a agravarse en el año 167 d. C., cuando un judío llamado Menelao intentó derrocar al sumo sacerdote Jasón y comprar su puesto. Dado que Antíoco IV tenía la última palabra en el nombramiento del sumo sacerdote, el puesto podía ser para el mejor postor. Corto de fondos, Menelao saqueó el oro del templo de Jerusalén para conseguir el dinero suficiente con el que pagarse el puesto de sumo sacerdote, un acto escandaloso que se consideraba un robo al mismísimo Dios[6].

Las facciones judías se enfrentaron y se produjeron disturbios. El caos llegó a ser tan grande que Antíoco envió al ejército: fuerzas sirias bajo mando griego entraron en la ciudad.

Comenzaron a producirse cambios radicales. El templo fue convertido en cuarteles greco-sirios. Esta fue otra severa afrenta a los judíos fieles, pero fue solo el principio. La circuncisión, que debía observarse estrictamente según la ley mosaica, fue prohibida. De hecho, la observancia o incluso la lectura de la Torá, los cinco primeros libros de la Biblia que contienen las leyes judías, estaba ahora prohibida. Se buscaban y quemaban ejemplares.

Muchos judíos se vieron obligados a ocultar su circuncisión para parecer más griegos. Otros se unieron a celebraciones paganas, adornándose con hiedra y desfilando en una procesión que celebraba al dios griego del vino y el libertinaje, Dionisio. Según algunos relatos, en el altar del templo se sacrificó un cerdo, animal considerado impuro por la ley mosaica. Como insulto adicional, Antíoco IV hizo que la zona más sagrada del templo se convirtiera en un centro de culto pagano, una cámara que se dedicó al dios griego Zeus.

Hasta ese momento, los griegos habían dejado que los judíos siguieran sus propias leyes sin inhibiciones. Los judíos se habían

---

[6] El templo de Jerusalén era la estructura más importante para el pueblo judío, una representación de la presencia de Dios.

gobernado a sí mismos, manteniendo y preservando sus creencias religiosas. Pero a Antíoco IV no le gustaba que los judíos se sintieran responsables solo ante Dios y no ante un gobernante humano. Hizo más esfuerzos para limitar y o prohibir rotundamente las prácticas religiosas judías, incluyendo la observancia del *sabbat* y otros festivales sagrados. Muchos judíos sentían que se les imponían costumbres paganas helenísticas. También eran incapaces de gobernarse a sí mismos de acuerdo con sus leyes y creencias, y quizás lo peor de todo, el templo, su centro de culto, estaba siendo groseramente profanado.

Algunos judíos creían que todo esto era una agradable mezcla de culturas, quizás pensando que estaban modernizando su cultura. Pero para los judíos fieles a sus leyes y creencias, esto era apostasía. En última instancia, estas diferencias fueron el combustible de lo que se conoció como la «revuelta de los macabeos», lanzada por el sacerdote Matatías y sus hijos.

Cuando unos oficiales griegos acompañados por un sacerdote judío llegaron a la aldea donde vivía Matatías, intentaron hacer cumplir un mandato real de que todos hicieran una ofrenda a los dioses. Aunque le prometieron que este acto le granjearía la amistad del rey, Matatías se mantuvo firme en su negativa a adorar a otros dioses. El pueblo judío solo adoraba a un Dios, Yahvé[7].

Cuando otro judío accedió e hizo la ofrenda, un pecado grave según la ley judía, Matatías mató al hombre y a uno de los oficiales del rey. Judíos, sirios y griegos tenían ahora un agravio contra él: había cometido un asesinato, que iba en contra de la ley secular y judía. Así que huyó a las montañas con sus hijos. Sin embargo, este fue solo el comienzo del levantamiento de Matatías y sus hijos. Fue el acontecimiento que desencadenó la revuelta de los macabeos[8].

Matatías y sus hijos no permanecieron solos en las montañas, sino que muchos los siguieron. Desde su ubicación en las montañas, Matatías y sus hijos reunieron un ejército y comenzaron una campaña de guerra

---

[7] De las letras hebreas originales YHWH, cuya traducción latinizada es Jehová.

[8] En realidad, el nombre de la familia era Asmoneo. El apodo de Macabaeus o Macabeo fue un título honorífico otorgado posteriormente al hijo de Matatías, Judá, cuando asumió el liderazgo de la revuelta tras la muerte de su padre. Tal vez se le concedió este título tras conseguir algunas victorias decisivas. Más tarde, el nombre de Macabeo se extendió a toda la familia. Las traducciones del hebreo dan posibles significados como «el martillo» o «el exterminador».

de guerrillas contra el ejército greco-sirio, mucho más poderoso, y contra los judíos que habían comprometido su fe. Fue tanto una guerra civil entre los judíos como una batalla contra los griegos, así como la aplicación de las leyes griegas y las costumbres paganas.

Tras una serie de batallas y la muerte de Matatías en el 166 a. e. c., los judíos, ahora bajo el mando de Judas Macabeo, finalmente reconquistaron Jerusalén en diciembre del 164 a. e. c. Más tarde, ese mismo mes, volvieron a consagrar el templo y lo limpiaron de todo rastro de culto pagano griego, para gran alegría del pueblo.

Una breve paz negociada con los griegos sirios tras la muerte de Antíoco IV dio a ambas partes un respiro de la lucha, pero no duró mucho. Esta vez, los judíos acudieron a Roma en busca de ayuda, sentando las bases de una situación similar a la de dejar entrar al tigre para librarse del lobo.

Sin embargo, durante los 100 años siguientes, los judíos recuperaron el control de Judea y se gobernaron a sí mismos. Eso fue hasta que el feroz general romano Pompeyo entró en Jerusalén en el año 63 a. e. c. Para entonces, el Imperio romano estaba en ascenso y conquistaba territorios. Sin embargo, Judea seguía bajo el liderazgo judío en Jerusalén. Ese liderazgo estaba fracturado, con dos facciones encabezadas por dos hermanos, Hircano y Aristóbulo, luchando en una sangrienta guerra por el control.

Tras las acusaciones de Aristóbulo contra el representante sirio de Pompeyo, este llevó sus tropas a Jerusalén para ver qué ocurría. Esto dio a Roma un peligroso punto de apoyo en la ciudad. Cuando llegó, Pompeyo optó por ponerse del lado de Hircano. Después de que los romanos construyeran un dique de asedio cerca de la muralla norte, el incesante azote de los arietes y el diluvio de pesadas piedras de las catapultas rompieron finalmente las murallas, y el ejército romano entró en Jerusalén.

Al igual que los griegos antes que ellos, los romanos entraron en el templo y se adentraron en el Lugar Santísimo, un lugar al que solo podía acceder el sumo sacerdote en determinadas épocas del año. Aunque muchos judíos murieron a manos de los romanos, muchos se suicidaron antes que volver a ver la profanación de su templo. Pompeyo nombró a Hircano sumo sacerdote y único líder político de la nación. Hasta que Julio César nombró a un regente, Antípatro, para que gobernara junto a Hircano. Después de que Hircano se convirtiera en prisionero de guerra en el año 40 a. C., el hijo de Antípatro, Herodes (más tarde conocido como Herodes el Grande), subió al trono como único gobernante de Judea.

Eso no quiere decir que Roma renunciara al control de la zona. Herodes fue puesto en el trono como un rey vasallo semi independiente del Imperio romano. Así comenzó la ocupación romana que oprimió a los judíos hasta el siglo I. Aunque Roma no tenía una presencia diaria entre los judíos, su poder dominante se podía sentir en la vida cotidiana. Sin embargo, en su mayor parte, Roma permitía a los judíos vivir según sus costumbres e incluso hacía excepciones con respecto a ciertos mandatos, como el servicio militar obligatorio.

Brillante y ambicioso, por no decir brutal, Herodes no soportaría ninguna oposición por parte de los rebeldes judíos descontentos con él o con Roma. Sin embargo, logró un buen equilibrio entre mantener contenta a Roma y proteger el modo de vida judío. Incluso reconstruyó el templo hasta convertirlo en una maravilla arquitectónica, lo que lo convirtió en una atracción turística tanto para judíos como para gentiles. Sin embargo, las tensiones con Roma y entre los judíos seguían latentes.

Cuando Roma empezó a nombrar procuradores para Judea, a principios del siglo I, las cosas empezaron a ir cuesta abajo. Los procuradores, típicos funcionarios de bajo rango en Roma, caían fácilmente en la corrupción. A menudo, el pueblo nunca veía los beneficios del dinero destinado a proyectos públicos. En su lugar, los funcionarios lo malversaban y seguían enriqueciéndose. Uno de los casos más graves fue cuando Poncio Pilato necesitaba construir un nuevo acueducto para el suministro de agua de la ciudad. Robó dinero del tesoro del templo que debía financiarlo, lo que desencadenó una protesta que acabó en una matanza judía.

Algunos fanáticos judíos que creían en devolver el control de la tierra a manos judías fueron más allá de las protestas. Un rebelde conocido simplemente como «El Egipcio» reunió a 30.000 hombres en un intento fallido de tomar la guarnición del ejército romano en Jerusalén e instalarse como gobernante. Roma a menudo reprimía a los disidentes, ya fueran protestas menores o rebeliones armadas, con una fuerza excesiva y brutal.

Los impuestos romanos eran un tema especialmente espinoso porque los judíos ya estaban sufriendo bajo un sistema económico que hizo que muchos pequeños negocios y terratenientes perdieran sus medios de vida. Cada vez más judíos caían en la pobreza y las deudas. Por eso, cuando los procuradores obligaron a la gente a pagar el doble del impuesto establecido por Roma para poder quedarse con lo extra, los judíos se enfurecieron.

Aunque en un principio Roma no tenía problemas con las costumbres religiosas judías, el desprecio y la intolerancia de sus prácticas se introdujeron con la instalación de los procuradores. El historiador romano Tácito escribió que cierto ritual judío era «absurdo y morboso». La falta de respeto por las creencias y costumbres judías, tan arraigadas, creó un ambiente poco amistoso.

Pero no solo los romanos trataban a los judíos con desprecio, también lo hacía su propio líder religioso. Llamando a la gente común *am ha'aretz*, un término hebreo insultante que significa «gente de la tierra o suciedad», las clases religiosas superiores de los fariseos y saduceos comenzaron a esclavizar a su propio pueblo con observancias religiosas opresivas y rígidas.

Así pues, en este contexto de más de 200 años de luchas, dominación extranjera y opresión religiosa, los judíos buscaban desesperadamente al salvador prometido. La Enciclopedia Judía dice: «Anhelaban al prometido libertador de la casa de David, que los liberaría del yugo del odiado usurpador extranjero, pondría fin al impío dominio romano y establecería Su propio reinado de paz». El pueblo judío creía que la salvación de su opresor vendría de Dios, pero a través de una entidad política que restauraría su reino cuando viniera. Sin embargo, poco se daban cuenta de que sus expectativas para el Mesías no coincidían exactamente con el propósito más amplio de Jesús.

Cuando Jesús apareció en escena, la provincia judía de Judea, gobernada por Herodes, estaba bajo el paraguas del Imperio romano.

Capítulo 2: Los Evangelios

¡Buenas nuevas! Este es el significado mismo de la palabra «evangelio». Los cuatro relatos evangélicos de Mateo, Marcos, Lucas y Juan contienen información sobre la vida de Jesús y hablan de la «buena nueva» que predicó durante su ministerio de tres años y medio. Aunque ninguno de los relatos es una biografía completa de la vida de Jesús, cuentan ciertos detalles sobre su nacimiento y su infancia que serían especialmente importantes para el pueblo judío, que esperaba el cumplimiento de las profecías sobre el Mesías. No se cuenta mucho sobre su infancia, adolescencia o juventud. En cambio, los Evangelios se centran en el ministerio de Jesús y sus enseñanzas, relatando su propósito y sentando las bases de las primeras congregaciones cristianas.

Sinopsis de los Evangelios

Algunos podrían pensar que los Evangelios son todos iguales, y hasta cierto punto, lo son[9]. Esto se debe principalmente a que ellos o los testigos oculares que les relataron los hechos, veían y oían las mismas cosas. Sin embargo, los libros no son iguales porque las personas que los escribieron eran diferentes: sus orígenes, educación, ocupaciones, relaciones y perspectivas variaban. Esto influyó en la forma en que se escribieron los Evangelios y en los detalles que se incluyeron. Los detalles que un médico consideraba importante anotar podían no ser los mismos que los que un pescador consideraba importantes. Aunque

---

[9] Los Evangelios de Mateo, Marcos y Lucas se denominan a menudo sinópticos, o «visión similar», debido a las similitudes entre los escritos.

algunos de los relatos se solapan, crean una imagen de la vida de Jesús. Este es el relato que ofrecen.

En el año 3 a. e. c., en Nazaret, una joven virgen y soltera llamada María estaba prometida a un carpintero judío llamado José. Aunque era una mujer judía muy fiel, se sorprendió al recibir en su casa la visita de un ángel llamado Gabriel, que se le apareció en forma de hombre. Le anunció que tenía buenas noticias que darle. Pero María no era la primera persona a la que Gabriel se le aparecía con noticias sorprendentes.

Unos meses antes, se había aparecido a un anciano sacerdote judío llamado Zacarías, cuya esposa era pariente de María. Sorprendentemente, le dijo a Zacarías que su mujer, Isabel, iba a tener un hijo. Zacarías no podía creerlo: ¡su mujer era demasiado mayor para tener hijos! Poco después, Isabel se quedó embarazada. Dio a luz a un hijo llamado Juan, que llegó a ser conocido como Juan el Bautista.

Ese mismo ángel le dijo a María algo que le pareció igualmente sorprendente: que, aunque era virgen, daría a luz un hijo. Atónita, preguntó cómo era posible. Gabriel le dijo que sería con la ayuda del Espíritu Santo de Dios, y que el niño sería hijo de Dios[10]. María se mostró algo escéptica, pero para demostrar que lo que él decía era posible, le habló del improbable embarazo de su pariente Isabel.

Poco después de que el ángel dejara a María, esta visitó a Isabel y comprobó que su pariente mayor estaba embarazada, tal como había dicho Gabriel. Cuando Isabel se enteró del embarazo de María, exclamó que la mujer más joven era realmente dichosa. Pero María sabía que cuando volviera a casa y se hiciera evidente que estaba embarazada, no todo el mundo sentiría lo mismo. De hecho, podría verse en verdaderos problemas.

María estaba preocupada: ¿cómo iba a explicar su embarazo a su familia, por no hablar de su prometido? No solo eso, sino que, según la ley judía, una mujer casada o comprometida que mantuviera

---

[10] La Biblia utiliza la palabra hebrea *ru'ach* y la palabra griega *pneu'ma* para espíritu, ambas con el significado de «aliento» o «viento», símbolo de la energía vital o fuerza vital. El cristiano del siglo II Justino Mártir explicó el Espíritu Santo (*pneu'ma hagion*) como la «influencia o modo de operación de la Deidad». En pocas palabras, decía que era la energía o fuerza que Dios utilizaba para hacer cosas (como crear). Por eso, algunas traducciones de la Biblia utilizan también el término «fuerza activa de Dios» al referirse al Espíritu Santo.

voluntariamente una relación sexual con otro hombre sería condenada a muerte.

Hacía tres meses que no veía a Joseph y tenía mucho que contarle. Ella le confió lo sucedido; como era de esperar, a él le costó creerlo. Se marchó muy apenado, preguntándose qué debía hacer. Sabía que María era una buena mujer y la quería, pero no veía otra forma de que pudiera estar embarazada si no era de otro hombre. Aun así, no quería que María muriera en desgracia. Así que pensó en divorciarse de ella en secreto[11].

Una noche, al acostarse, un ángel se le apareció en sueños y le confirmó lo que María le había dicho. Siguiendo las instrucciones del ángel, se casó con María. Unos meses después, mientras María estaba muy embarazada, un censo decretado por el emperador romano Augusto César obligó a José y María a regresar a Belén, la ciudad natal de José, para participar en el registro[12]. Cuando llegaron a Belén, estaba tan abarrotada de viajeros que la pareja no tenía otro lugar donde alojarse que un establo. Fue allí, en el heno, rodeada de animales del establo, donde María dio a luz a un hijo, Jesús. Lo envolvió en unos trozos de tela y lo acostó en un pesebre, o comedero, utilizado para alimentar a los animales.

Aquella noche, en los campos de las afueras de la ciudad, unos pastores judíos se vieron de repente rodeados por una luz brillante[13]. Un

---

[11] María y José solo estaban comprometidos en ese momento, pero en la antigua cultura judía, un compromiso era vinculante y se necesitaría un divorcio para romperlo.

[12] Los censos eran habituales en la historia antigua. Se registraron varios durante el reinado de Augusto César. Según el historiador del siglo IV Orosio, este censo, que según Lucas tuvo lugar en el año 2 a. e. c., pudo ser el acontecimiento en el que todas las naciones bajo el Imperio romano hicieron un juramento de lealtad a César para unirse como una sola sociedad.

[13] Aunque la tradición sostiene que Jesús nació el 25 de diciembre, los Evangelios no dicen cuándo nació. En esa región, diciembre suele ser un mes frío y lluvioso (y a veces nevado), por lo que los pastores no habrían estado al aire libre con sus rebaños. También es poco probable que José, María y los demás hubieran viajado para hacer un censo con ese tiempo o que el César hubiera exigido un viaje invernal de personas que ya estaban al borde de la rebelión. La Enciclopedia Católica dice que «la celebración de la Navidad es de origen romano y data de alrededor del año 330 d. C. ... Había sido costumbre de los paganos romanos reunirse en la colina del Vaticano para adorar a las deidades de oriente, la elección del 25 de diciembre...» Algunos detalles de los Evangelios apuntan a que Jesús nació hacia finales de septiembre o principios de octubre, pero no hay constancia ni evidencia de que los primeros cristianos del siglo I celebraran el nacimiento de Cristo.

ángel se les apareció y les anunció una buena noticia: había nacido el salvador que esperaban. El ángel también les dijo dónde encontrarlo: en un establo de Belén. Antes de que pudieran marcharse, aparecieron otros ángeles y cantaron con alegría: «Gloria en las alturas a Dios, y en la tierra paz entre los hombres de buena voluntad».

Los pastores no perdieron tiempo y corrieron a Belén para encontrar a Jesús. Cuando lo hicieron, contaron a María y a los demás en Belén lo del ángel y lo que les había dicho.

Para completar los rituales judíos en torno al nacimiento de un bebé, José y María permanecieron en Belén durante más de un mes. Mientras tanto, unos astrólogos extranjeros vieron un extraño espectáculo en el cielo nocturno: una nueva estrella que nunca antes había aparecido[14]. Esto les condujo a Jerusalén, donde visitaron al rey Herodes el Grande. Le dijeron que habían seguido una extraña estrella nueva hasta Jerusalén y que se dirigían a Belén para ver «al rey de los judíos que había nacido» y presentarle sus respetos. Herodes, que no toleraba rivalidad alguna por su posición, se sintió desconcertado por esta noticia del «rey de los judíos». Fingiendo que él también quería presentar sus respetos, Herodes dijo a los astrólogos que le informaran cuando lo encontraran.

Los astrólogos se marcharon y volvieron a seguir la estrella hasta la casa donde se alojaban José y María y llevaron sus regalos. Cuando estaban a punto de volver para decírselo a Herodes, recibieron una advertencia divina en sueños, advirtiéndoles que no lo hicieran porque Herodes quería matar al niño. Decidieron evitar a Herodes yendo a casa por otro camino.

Enojado porque no le habían dicho dónde estaba Jesús, Herodes tomó una medida drástica e impensable: ordenó matar a todos los niños de dos años o menos de Belén y sus alrededores[15]. Para salvar la vida de

---

[14] La palabra griega original utilizada aquí es *magi* (forma plural), que la mayoría de la gente utiliza y reconoce. Magi (magos en singular) se traduce a veces como hechicero, prestidigitador o, en este caso, astrólogo. Dado su conocimiento de las estrellas, astrólogo parece una traducción lógica. Aunque tradicionalmente se dice que hubo tres magos, ninguno de los Evangelios indica el número exacto de los que visitaron a Herodes o a María y Jesús. El libro de Mateo dice que procedían de Oriente, probablemente de Persia/Babilonia.

[15] No hay registros seculares contemporáneos de la masacre de los bebés por Herodes, pero hay un contexto histórico para el evento. Herodes pasó a la historia por ser despiadado y brutal. Empeñado en conservar su trono y sin tolerar ningún atisbo de rivalidad, mandó asesinar a 45 hombres por apoyar a un posible rival. Incluso mandó ejecutar a sus amigos y familiares más

Jesús, un ángel se apareció a José y les dijo que debían huir a Egipto lo antes posible. Los tres escaparon justo a tiempo. Tras la muerte de Herodes el Grande, un ángel se apareció de nuevo a José y le dijo que era seguro volver a casa. Regresaron a Judea y se establecieron en Nazaret, evitando la esfera del impopular hijo de Herodes, Arquelao, que ahora gobernaba la provincia. Allí, Jesús creció como hijo de un carpintero[16, 17].

Los Evangelios no detallan la vida de Jesús mientras crecía, excepto un incidente cuando tenía doce años. Lucas detalla un momento en que la familia estaba viajando de regreso a casa de las celebraciones de Pascua en Jerusalén con un gran grupo de familiares y amigos. Creyendo que Jesús estaba entre el grupo, José y María no se dieron cuenta de que no estaba con ellos hasta el día siguiente. Al volver a Jerusalén para buscarlo, lo encontraron en el templo con los líderes religiosos judíos, haciéndoles preguntas y escuchándolos hablar.

María, bastante agotada y angustiada, preguntó a su hijo por qué le hacía eso. Él le respondió: «¿No sabías que estaría en la casa de mi Padre?».

A partir de ahí, transcurren diecisiete años antes de que la historia de Jesús se reanude. Mateo y Lucas recogen los primeros años de Jesús, dando contexto a su vida (y, en Mateo, la prueba de que Jesús estaba cumpliendo las profecías sobre el Mesías). Sin embargo, Marcos y Juan comienzan sus relatos antes y durante el ministerio de Jesús, algo que querían destacar. En la cristiandad, a menudo se hace mucho hincapié en el nacimiento y la muerte de Jesús, pero los cuatro Evangelios hacen hincapié en el ministerio y el propósito de Jesús.

---

cercanos, entre ellos tres de sus hijos, su amada segunda esposa, el hermano de esta, su abuelo y muchos otros. A los ojos de los historiadores, esto hace muy plausible que Herodes asesinara a un grupo de niños pequeños en un intento de acabar con un «rey de los judíos» que podría haber nacido y convertirse en una amenaza potencial para su gobierno. Además, el escritor romano Macrobio (hacia 400 d. C.) escribió en su libro *Saturnalia* que había oído hablar del incidente.

[16] Según la historia y la cronología de Josefo, Herodes murió hacia el año 4 o 5 de nuestra era. Desaparecida la amenaza, José y María pudieron regresar con seguridad a Judea con su pequeño hijo.

[17] Algunos eruditos de la Biblia creen que la parábola de Jesús de las minas registrada en Lucas 19 podría haber sido inspirada por Arquelao.

Los cuatro evangelistas también dedican tiempo a detallar el ministerio de Juan el Bautista, cuya labor consistía en preparar al pueblo judío para aceptar al Mesías.

En la primavera del año 29 d. C., en la región que rodeaba el río Jordán se hablaba mucho de un hombre que vestía camisa de pelo de camello y faja de cuero. Vivía en el desierto y se alimentaba de miel y langostas. También era pariente de Jesús (hijo de Isabel, prima de María). Pero fue su mensaje lo que más conmovió a la gente. Dijo al pueblo judío: «Convertíos, porque el reino de los cielos se ha acercado». Comenzó a bautizar a la gente como símbolo de su arrepentimiento.

A los seis meses del ministerio de Juan, Jesús, que ya tenía treinta años, fue a verlo. Juan bautizó a su pariente en el río Jordán para dar ejemplo a los discípulos que le seguirían. Juan el Bautista puso a Jesús bajo el agua, y cuando Jesús salió, Mateo, Lucas y Juan (testigo ocular del acontecimiento) dicen que el espíritu santo de Dios apareció en forma de paloma. Se oyó una voz del cielo que decía: «Tú eres mi Hijo, el amado; yo te he aprobado».

Este fue un momento crucial en la vida de Jesús porque dio inicio a su ministerio y, según algunas enseñanzas evangélicas, fue cuando se convirtió oficialmente en el Mesías.

Mateo, Marcos y Lucas cuentan que, justo después, Jesús fue tentado tres veces por Satanás (el diablo) en el desierto. En su último y audaz intento, Satanás ofreció a Jesús el poder y el prestigio de gobernar los gobiernos del mundo si Jesús accedía a inclinarse en un acto de adoración. Jesús negó los tres intentos de Satanás y le dijo con firmeza: «¡Vete!».

Poco después, algunos de los discípulos de Juan el Bautista creyeron que era el Mesías. Los primeros fueron Andrés y su hermano Pedro. Pocos días después, ellos, junto con Jesús y otros nuevos discípulos, Juan, Felipe, Natanael y posiblemente Santiago, fueron a una celebración de bodas en Caná. Cuando Juan escribió sobre esto, no era un diario de una reunión social, sino un recuento del primer milagro de Jesús: convertir grandes jarras de agua en vino muy bueno.

Poco después, en la primavera del año 30 d. C., Jesús y algunos de sus discípulos fueron a celebrar la Pascua en Jerusalén. Cuando llegaron al templo, lo que Jesús vio lo llenó de justa indignación. Los mercaderes explotaban a la gente cobrando de más por los animales del sacrificio y cambiando dinero extranjero.

Trenzó una cuerda para hacer un látigo con el que ahuyentó a los mercaderes deshonestos y les volcó las mesas, indignado. Les dijo: «Quitad (estas cosas) de aquí; no hagáis de la casa de mi Padre un mercado».

Más tarde, cuando Jesús viajaba a Galilea, fue a buscar agua al pozo de Jacob, cerca de Sicar (la actual Naplusa). Allí conoció a una mujer samaritana. Al pedirle agua, entabló una conversación conmovedora en la que Jesús le reveló que conocía su origen social y los prejuicios que había contra ella por ese motivo. Durante esta conversación, la mujer sin nombre se convirtió en la primera persona a la que Jesús dijo abiertamente que él era el Mesías[18]. Ella se fue y se lo dijo a otros en la ciudad. Se corrió la voz y muchos se convirtieron en seguidores de Jesús.

Mientras viajaba, Jesús realizó varios milagros. Decía que servían para algo más que para ayudar a los que lo necesitaban. Cuando un funcionario de la corte de Herodes Antipas se enteró de que Jesús estaba en Cafarnaúm, corrió a su encuentro. Le pidió que ayudara a su hijo, que estaba enfermo y a punto de morir. Jesús le dijo al hombre que haría milagros porque «si no veis señales y prodigios, nunca creeréis». Jesús informó al funcionario de que su hijo estaba sano y salvo. Cuando el funcionario regresó a su casa, sus sirvientes le dijeron que su hijo había sanado en la hora que Jesús había dicho.

No fue la única curación registrada por los evangelistas. También registran que curó a muchos enfermos o discapacitados, como un hombre completamente paralítico, leprosos, un ciego, enfermos crónicos y la suegra del apóstol Pedro[19]. Incluso expulsó a los demonios de los poseídos. Un *sabbat* curó a un hombre con una mano seca, lo

---

[18] Este hecho es histórica y culturalmente significativo por varias razones. En primer lugar, durante esta época, las mujeres eran tratadas como ciudadanas de segunda clase, incluso en la sociedad judía. A los hombres judíos nunca se los veía en público hablando con mujeres que no fueran parientes. En segundo lugar, judíos y samaritanos en general se odiaban y tenían prejuicios muy arraigados. Este fue un ejemplo del respeto de Jesús por las mujeres y de su falta de prejuicios basados en el género o la raza.

[19] La lepra era una enfermedad terrible que podía dejar a una persona gravemente desfigurada o incluso llevarla a la muerte. Era muy contagiosa y, según la ley judía, nadie debía tocar a un leproso. Un enfermo de lepra no debía acercarse a otras personas sin advertirles. Por lo tanto, es notable que los Evangelios mencionen incidentes en los que Jesús tocó a leprosos para curarlos, aunque curó a otros sin usar el tacto. Los Evangelios dicen que esto era intencionado, ya que Jesús sentía compasión por ellos y reconocía su necesidad emocional de contacto humano.

que escandalizó y enfureció a los fariseos, que lo interpretaron como un «trabajo» prohibido en *sabbat*[20]. Esto atrajo negativamente su atención y, a partir de entonces, buscaron la forma de desacreditarlo o incluso de matarlo.

Aunque muchos acudían a Jesús por sus milagros y sermones, algunos se ofendían por las verdades que decía. En una ocasión, se refirió a una situación histórica anterior y la aplicó al egoísmo y la falta de fe del pueblo judío en su conjunto. Esto enfureció violentamente a la multitud de la sinagoga, que empujó a Jesús fuera de la ciudad hasta la cima de una montaña. En la cima, intentaron arrojarlo de cabeza por una cornisa. Sin embargo, Lucas dice que Jesús escapó del terrible incidente caminando entre la multitud.

Más tarde, después de que Jesús eligiera a doce apóstoles, los trece hombres estaban sentados en el monte de los Olivos[21]. Estaban cansados y trataban de descansar, pero la gente se había reunido desde kilómetros de distancia para ver a Jesús. Una gran multitud se formó en la ladera, con la esperanza de ser curados o de oírle hablar. Aunque estaba agotado, Jesús no quería decepcionar a los que habían acudido. A todos los de la multitud que venían a ser curados, los curó. Con este telón de fondo, Jesús pronunció uno de los discursos más famosos de la historia: el Sermón de la Montaña.

El sermón, que Mateo recoge con gran detalle a lo largo de tres capítulos, aborda muchos temas. A lo largo de todo el sermón, Jesús habla de cómo alcanzar la felicidad, controlar la ira, los beneficios del pensamiento y la vida espirituales, la trampa del materialismo y cómo enfrentarse a las ofensas. Condenó la hipocresía y subrayó la importancia de mostrar amor a los demás. También enseñó los peligros de ser demasiado crítico con los demás, dio un ejemplo de cómo rezar, subrayó las razones para confiar en Dios y dijo a sus discípulos que sus acciones, y no solo sus palabras vacías, demostrarían quiénes eran realmente. Quizás el más conocido de sus puntos es lo que muchos llaman ahora «la regla de oro» en Mateo 7:12: «Así que, todas las cosas

---

[20] Los fariseos eran líderes religiosos judíos altamente educados que a menudo añadían y hacían cumplir la ley judía.

[21] La palabra griega para apóstol significa «alguien enviado por otro» o «un mensajero». Aunque a veces el término se aplica vagamente a muchos o a todos los discípulos de Jesús, en este contexto se trata de los doce discípulos especialmente seleccionados como representantes.

que queráis que los hombres hagan con vosotros, así también haced vosotros con ellos»[22].

Mateo, Marcos y Lucas recogen la reacción de la multitud ante el sermón: la gente estaba «asombrada» por sus palabras. Esto se menciona varias veces en los Evangelios. Jesús solía utilizar en su método de enseñanza preguntas que invitaban a la reflexión e historias e ilustraciones fáciles de entender. Se hizo famoso por su talento como maestro.

Más tarde, Jesús y algunos de sus discípulos se encontraron en una situación aterradora. Una noche, tomaron una barca de madera y cruzaron el mar de Galilea[23]. En la oscuridad, una tormenta repentina y feroz azotó las aguas[24]. Mientras la tormenta arreciaba, Jesús dormía plácidamente sobre una almohada en la popa de la barca. Aunque los discípulos eran pescadores experimentados y sin duda habían capeado tormentas antes, tenían problemas para controlar la barca y empezaron a temer por sus vidas. Despertaron a Jesús y le preguntaron desesperados: «¡No te importa que estemos a punto de morir!?».

Jesús se levantó con calma y llamó a la tormenta: «¡Paz! Tranquilízate!». La tormenta se calmó inmediatamente. Los discípulos quedaron tan asombrados por el milagro que, temerosos, se preguntaron unos a otros: «¿Quién es este que hasta el viento y el mar loe obedecen?».

---

[22] Este versículo se cita a menudo como «Haz a los demás lo que quieras que te hagan a ti».

[23] A veces conocidas como «barca del mar de Galilea» o «barca de Jesús», estas embarcaciones de pesca de la antigüedad solían medir unos seis metros de eslora, 7,5 metros de manga y 4,3 metros de altura.

[24] Aunque suele ser templado, el mar de Galilea se ve azotado de vez en cuando por tormentas repentinas e intensas con olas dramáticas (de hasta tres metros, como se registró en 1992) que podrían anegar una embarcación más pequeña.

Barca del mar de Galilea

Travellers & Tinkers, CC BY-SA 4.0 <https://creativecommons.org/licenses/by-sa/4.0>, vía Wikimedia Commons; https://commons.wikimedia.org/wiki/File:JesusBoat.jpg

El incidente con la tormenta no disuadió a Jesús ni a los demás de volver a subir a una barca y adentrarse de nuevo en el mar de Galilea. Pero esta vez, los cuatro escritores de los Evangelios registraron un tipo diferente de milagro. Para alejarse de la multitud, Jesús y sus discípulos cruzaron las aguas y se dirigieron a un lugar más aislado. Sin embargo, las multitudes los siguieron, y Jesús se sintió mal porque habían recorrido un largo camino para curarse y oírle hablar, y ahora tenían hambre. Era tarde y casi imposible conseguir comida para las casi 10.000 personas que había allí. Este es el escenario de uno de los milagros más conocidos de Jesús: alimentar a miles de personas con solo cinco panes y dos pececillos. Él y sus discípulos partieron la comida y la distribuyeron. Nadie pasó hambre y, de hecho, sobraron doce cestas.

Entre las curaciones, la comida, los sermones y otros milagros, muchos judíos se convencieron de que Jesús era el salvador que esperaban e intentaron convertirlo en su rey. Él se negó, insistiendo una y otra vez en que el reino celestial de Dios era la única solución a sus problemas. Pero no fue la respuesta que esperaban. La gente estaba confundida. Muchos dejaron de seguirlo porque creían que había sido enviado para ser su gobernante y rescatarlos de la opresión en ese mismo momento. Muchos se preguntaban si era realmente el Mesías de la profecía.

A los líderes religiosos —los fariseos, en particular— no les gustaba Jesús, sobre todo porque, en más de una ocasión, condenó su opresión y su desprecio por el pueblo llano. Se enfrentó a ellos muchas veces, y decidieron que tenían que deshacerse de él. Buscaban razones para arrestarlo, pero Jesús se les escapaba de las manos. En una ocasión, incluso intentaron apresarlo y apedrearlo hasta la muerte por blasfemia, pero Jesús volvió a escapar de sus garras.

Jesús se dirigió al norte para escapar de la turba, pero fue entonces cuando recibió una noticia devastadora: su buen amigo Lázaro había caído enfermo y había muerto. Sin embargo, había un pequeño problema. Ir a ver a la familia de Lázaro significaría volver a Judea, donde la gente quería matarlo. Pero sus discípulos estaban de acuerdo en ir, y juntos se dirigieron a la aldea de Betania, donde vivían las hermanas de Lázaro, Marta y María.

Cuando llegó allí y vio llorar a las hermanas, se sintió invadido por un dolor empático y lloró con ellas. El cuerpo de Lázaro estaba en una cueva con una gran roca cubriendo la entrada. Todos fueron al sepulcro a llorar. Jesús dijo a unos hombres que movieran la roca, pero Marta se opuso, y con razón. Dijo: «Lleva aquí cuatro días; ¡su cuerpo ya debe oler!».

Jesús la tranquilizó. Rezó en voz alta delante de todos y llamó a la tumba: «¡Lázaro, sal!». Ante el asombro de todos, Lázaro, atado con su tela funeraria, salió de la cueva. Lo desenvolvieron para que pudiera reunirse con su familia y amigos.

Cuando se supo de la resurrección, más líderes religiosos de alto rango tramaron su muerte. Jesús volvió a eludirlos por el momento.

A principios de la primavera, subió a Jerusalén justo antes de la Pascua. Fue entonces cuando predijo algo realmente inquietante para los judíos: la futura destrucción de su amada ciudad santa[25]. Esto no calmó la furia asesina de los líderes religiosos judíos, pero tuvieron que andarse con cuidado porque mucha gente creía que era un profeta. Así que, en lugar de un enfrentamiento violento, intentaron engañarlo con una pregunta sobre los impuestos, esperando que dijera algo que pudieran considerar sedicioso. Jesús no cayó en la trampa y su plan volvió a fracasar. Sin embargo, a pesar de escapar una y otra vez, Jesús sabía que

---

[25] La destrucción a la que aludía ocurrió 37 años después, cuando los romanos, bajo el mando del general Tito, sitiaron y destruyeron la ciudad.

su muerte se acercaba e hizo referencia a ella antes de compartir algunas de sus últimas enseñanzas.

El día 12 de Nisán, Jesús estaba agazapado porque sabía que se estaba tramando un complot contra él. Mientras tanto, los líderes religiosos que querían matarlo tenían prácticamente la herramienta para hacerlo: uno de los apóstoles de Jesús, Judas Iscariote, aceptó traicionar a Jesús por treinta monedas de plata (el precio típico de un esclavo).

Mientras los demás discípulos se preparaban para la Pascua, parece que Jesús ya sospechaba de Judas y no le dio ningún detalle que pudiera permitirle interrumpir su celebración pascual.

Durante la cena de Pascua, Jesús dijo a sus discípulos que esta sería su última cena con ellos. Luego cogió una toalla y les lavó los pies para dar ejemplo de amor y hospitalidad[26]. Después, hizo un anuncio estremecedor: «Uno de vosotros me traicionará». Los apóstoles se quedaron atónitos ante la revelación. Pero Jesús no dijo quién era. En lugar de eso, le dijo a Judas que se fuera y que hiciera lo que tuviera que hacer. Cuando Judas se marchó, Jesús dijo a sus apóstoles que iba a instituir una nueva conmemoración para sus seguidores en lugar de la Pascua.

Después de hablar con ellos, les advirtió que las cosas no serían fáciles. De hecho, podían esperar una oposición y una persecución a veces violentas. Con esto en mente, les recordó que necesitaban una fe firme y obedecer cuidadosamente lo que les había enseñado. Jesús les aseguró que el espíritu santo de Dios les sería dado para ayudarlos una vez que él se hubiera ido. Rezó con ellos y por ellos antes de que se levantaran para partir hacia medianoche.

Cuando se marcharon, los hombres fueron al huerto de Getsemaní a pasar un rato. Allí, una turba que incluía soldados, el sumo sacerdote y otros se acercó a Jesús, llevando armas y antorchas. ¿El hombre que lideraba la multitud? Judas Iscariote. Se acercó a Jesús y le besó la mejilla. No era una muestra de afecto, sino una señal predeterminada para identificar a Jesús ante los hombres que lo arrestarían.

Pedro, en un momento característicamente impulsivo, cogió una espada y le cortó la oreja al criado del sumo sacerdote. Al curarlo, Jesús le dijo a Pedro que guardara la espada porque «todos los que empuñan

---

[26] Una antigua tradición de Oriente Próximo que suele llevar a cabo un anfitrión porque los viajeros se llenan los pies de polvo al caminar por carreteras sin asfaltar con sandalias.

la espada perecerán a espada». Después, Jesús fue detenido, y todos sus discípulos, excepto uno, huyeron del huerto.

Finalmente, Jesús fue sometido a juicio ante Poncio Pilato, prefecto de Judea, que lo declaró inocente de todo delito. Sin embargo, los líderes religiosos judíos incitaron al pueblo al odio. Exigieron que fuera condenado a muerte, incluso después de que Pilato diera a la multitud la opción de liberar a Jesús o a un asesino llamado Barrabás.

Sintiendo que no tenía más remedio que ceder a los deseos de la multitud o arriesgar su propia posición, Pilato se lavó simbólicamente las manos y mandó azotar a Jesús con un azote[27]. Después, los soldados le escupieron, lo abofetearon, se burlaron de él y le pusieron una corona de espinas en la cabeza. Su dignidad frente a los abusos impresionó a Pilato, que presentó entonces a un Jesús golpeado a la multitud para provocar compasión. Sin embargo, la multitud estaba decidida.

El 14 de Nisán, tras un día de agonía, Jesús y los demás condenados a muerte cargaron con las grandes estacas de madera en las que iban a ser colgados[28]. Jesús, completamente exhausto, se desplomó. Los romanos cogieron a un hombre de la multitud, Simón de Cirene, y lo obligaron a llevar la estaca por Jesús. La lúgubre procesión se detuvo finalmente en un lugar llamado Gólgota o «Calavera».

A Jesús y a los dos criminales que lo acompañaban les clavaron las manos y los pies en los postes, que luego fueron colocados en posición vertical en el suelo. La madre de Jesús, María, estaba entre la multitud que presenciaba la ejecución. Es comprensible que María sintiera como si su propio cuerpo fuera atravesado por una espada.

---

[27] Pequeño látigo de varias tiras de cuero entrelazadas con hierro o hueso animal, fabricado para desgarrar la carne al contacto.

[28] Aunque tradicionalmente muchas Biblias utilizan la palabra cruz, la palabra griega original era *stauros*. Según el Diccionario Bíblico Imperial, la palabra significaba un «poste erguido... del que se podía colgar cualquier cosa». El uso romano de la palabra *crux* (traducida como «cruz» en español) también indicaba originalmente un «poste erguido». La Enciclopedia Católica dice: «Es cierto, en todo caso, que la cruz consistía originalmente en un simple poste vertical, afilado en su extremo superior». Apegándose a eso, algunas traducciones de la Biblia usan la palabra «estaca» o «árbol» en lugar de «cruz». Algunos escritores bíblicos también utilizaron la palabra griega *xylon*, que significa un trozo de madera o árbol, en lugar de *stauros*. Debido a esto, ciertas traducciones de la Biblia, como la Biblia de Jerusalén, utilizan la palabra «árbol» en este contexto.

En el momento en que Jesús murió, un gran terremoto sacudió los alrededores de Jerusalén, dañando incluso el templo. Los oficiales del ejército romano y la gente de la multitud se asustaron. El oficial del ejército al mando se sintió conmovido y exclamó: «¡Ciertamente este era el hijo de Dios!».

Un miembro del Sanedrín (el alto tribunal judío) contrario a la ejecución de Jesús estaba presente cuando murió. Pidió el cuerpo y lo hizo enterrar. Dos días después, varias discípulas fueron al sepulcro para tratar debidamente el cuerpo con especias. Lo que encontraron les impresionó.

La gran y pesada piedra que cubría la entrada del sepulcro había sido movida, y la cueva estaba vacía. El cuerpo de Jesús había desaparecido. Corrieron a avisar a Pedro y a otros discípulos, mientras María Magdalena se quedaba. Llorando, se le acercó un cuidador y le preguntó qué le pasaba. Tardó un momento en reconocer al hombre que le hablaba: ¡era Jesús!

En los días y semanas siguientes, cientos de discípulos también vieron y hablaron con Jesús resucitado. A algunos, como a Tomás, les costó creer al principio. Pero Jesús demostró con milagros que era quien decía ser.

Lucas relata, tanto en el evangelio que escribió como en el libro de los Hechos, que, después de pasar un tiempo con los apóstoles y discípulos, dándoles algunas últimas instrucciones y garantías, Jesús ascendió al cielo delante de los apóstoles sin ninguna fanfarria pública.

En conjunto, los cuatro libros constituyen un relato más completo de la vida y el ministerio de Jesús. Pero, ¿qué sabemos de los hombres que escribieron los Evangelios y de sus escritos originales?

Mateo

Mateo era odiado por los suyos a causa de su profesión; algunos incluso consideraban traidor lo que hacía. Era recaudador de impuestos. Para sus compatriotas judíos, los recaudadores de impuestos no eran más que una espina irritante, un recordatorio constante de que los romanos eran sus señores imperiales. Los recaudadores de impuestos eran vistos a menudo como pecadores, en gran parte porque muchos de ellos exigían deshonestamente más dinero del requerido para sacar algo para sí mismos. La mayoría de los judíos consideraban a los recaudadores de impuestos de clase baja y evitaban cualquier asociación voluntaria con ellos.

Mateo escribió su visión de los hechos a través de la lente de su profesión. Como recaudador de impuestos, no sorprende que mencione detalles relacionados con el dinero y los números. Como probablemente sus compatriotas lo trataban con insultos y desprecio, hizo hincapié en la bondad de Jesús, como se refleja en las palabras que eligió registrar en Mateo 11:28-30: «Venid a mí todos los que estáis fatigados y agobiados, y yo os aliviaré... Yo soy manso y humilde de corazón, y hallaréis alivio para vosotros mismos». Aunque sus compañeros judíos lo despreciaban por su profesión, Mateo encontró una diferencia refrescante en la forma en que Jesús le trataba a él y a los demás. Mantuvo una estrecha amistad con Jesús y se convirtió en uno de sus primeros apóstoles. Mateo escribió muchas veces sobre la misericordia, una cualidad que probablemente valoraba mucho.

Mateo escribió el libro que lleva su nombre en Palestina, y sus escritos abarcan los años 2 a. C. a 33 d. C. Aunque no se sabe con certeza el año exacto en que lo terminó, manuscritos posteriores lo fechan en el 41 d. C. En ninguna parte del libro Mateo se menciona a sí mismo como escritor, pero la creencia unánime de que fue él quien lo escribió ha sido inquebrantable desde el siglo II d. C. Cristianos primitivos como Papías, que fue contemporáneo o casi contemporáneo del apóstol, atestiguan la autoría de Mateo.

El estudio de la lengua en la que escribió su obra original, el objetivo principal de sus escritos, a quién se dirigía principalmente y el contexto histórico dan aún más sentido al contenido. Eusebio, historiador griego del cristianismo del siglo IV, y Jerónimo, erudito cristiano de los siglos IV y V, afirman repetidamente que Mateo escribió el manuscrito original «en su lengua materna», el hebreo (traducido posteriormente al griego para los no judíos). Jerónimo respaldó esta afirmación confirmando que en su época existía una copia en hebreo en una biblioteca de Cesarea. Puesto que Mateo estaba en Palestina y su público objetivo eran principalmente judíos, es lógico que escribiera en su lengua.

Desde el principio, Mateo va al meollo de la cuestión: demostrar al pueblo judío que Jesús es el Mesías prometido que estaban esperando. Comienza trazando el linaje de Jesús hasta Abraham, sabiendo que su importancia legal y profética no pasaría desapercibida para los judíos fieles. Sus primeras palabras describen el linaje de Jesús a través de

María, remontándolo hasta el rey David de la tribu israelita de Judá[29]. A continuación, relata detalladamente los acontecimientos que rodearon el nacimiento y la infancia de Jesús, con detalles únicos que no se encuentran en ningún otro lugar.

La lógica de pensamiento de Mateo se aprecia en el orden en que escribe los acontecimientos. El Evangelio no está escrito cronológicamente, como si fuera un diario. Aunque escribe cronológicamente cuando tiene sentido o es necesario, agrupa los sermones y las parábolas de Jesús por temas, haciendo hincapié en las enseñanzas clave. Escribe con la precisión detallada que cabría esperar de un hombre que desempeñó un trabajo que requería precisión y exactitud.

Marcos

La noche en que Jesús fue arrestado, había entre sus discípulos un joven que, al parecer, se había precipitado al huerto de Getsemaní vestido solo con una túnica. O bien había oído que Jesús y los apóstoles habían ido al huerto y se apresuró a seguirlos, o se enteró del arresto que estaba ocurriendo. Todos los que estaban con Jesús aquella noche se dispersaron y huyeron cuando los soldados se lo llevaron, pero uno se quedó. Siguiendo a Jesús cerca, pronto fue descubierto. Cuando lo reconocieron como alguien relacionado con Jesús, los soldados y los jefes de los sacerdotes intentaron capturarlo también a él. Se agarraron a su ropa exterior, pero él consiguió escapar escurriéndose de sus ropas y huyendo completamente desnudo.

Juan Marcos (Marco romano, su apellido), el escritor del Evangelio de Marcos, es el único que menciona a este joven, probablemente un relato de primera mano de su propia angustiosa huida. Marcos no era apóstol, y da a entender que aún era joven en la época del arresto de Jesús. Marcos incluye mucha acción en su relato de Jesús, en parte como testigo presencial, pero en gran parte como registrador del relato del apóstol Pedro. Eruditos cristianos del siglo II como Orígenes, Papías y Tertuliano atestiguan que Marcos escribió su evangelio «de acuerdo con las instrucciones de Pedro» y confirmaron que Marcos era el intérprete de Pedro. Marcos viajaba con Pedro y mantenía una estrecha relación con el apóstol mayor. Pedro incluso se refería a Juan Marcos como «mi

---

[29] Según las profecías judías del Antiguo Testamento/Escrituras hebreas, el Mesías llegaría a través del linaje de Judá.

hijo».

Aunque la narración de los hechos por parte de Marcos se asemeja mucho a la de Mateo, algunos detalles y perspectivas únicos reflejan la influencia de Pedro; por ejemplo, cuando escribe sobre la terrible tormenta que se levantó en el mar de Galilea. En su relato, Marcos se toma el tiempo de mencionar detalles aparentemente insignificantes, como el hecho de que Jesús durmiera en la popa de la barca y utilizara una almohada. Son cosas en las que un pescador como Pedro podría fijarse.

La tormenta en el mar de Galilea es solo un ejemplo del estilo y el contenido trepidantes incluidos en Marcos, otro reflejo del Pedro emocional, impulsivo y muy observador. Pero en los detalles también podemos ver que, aunque Marcos solo fue testigo de oídas de algunas de las cosas que escribió, fue meticuloso en cuanto a la exactitud. Eusebio dijo que «prestó atención, para no omitir nada de lo que había oído y no hacer en ellos afirmaciones falsas».

Marcos, el más breve de los Evangelios, no comienza al principio de la vida de Jesús, sino que retoma el relato al principio del ministerio de Jesús y cubre los acontecimientos de los años 29-33 d. C. Marcos escribió su relato hacia los años 60-65 d. C. Estaba en Roma en aquella época, y su público objetivo eran los romanos, como se desprende de la forma en que explica las costumbres, la cultura y otras cosas judías que no serían familiares para los no judíos.

Sin embargo, el relato evangélico no es el final de la historia de Marcos. Vuelve a aparecer en el libro de los Hechos junto a Pablo, en un caso como protagonista del incidente más acalorado del que se tiene constancia.

Lucas

Aunque se hace referencia a Lucas como evangelista, esa no fue su primera profesión. Este hombre tan culto tampoco era apóstol. Era médico, un hecho que se refleja en su amplio vocabulario y en sus detallados escritos sobre los que sufrían dolencias físicas, algo de lo que naturalmente se fijaría.

Lucas también empieza la historia de Jesús por el principio y abarca los mismos años que Mateo —del 3 a. C. al 33 d. C. Comienza en orden cronológico, pero después de que Jesús comienza su ministerio, Lucas a veces se desvía de la escritura lineal y cuenta ciertos acontecimientos y enseñanzas por temas. Por ejemplo, mientras que Mateo pone el árbol genealógico de Jesús en primer lugar, Lucas no lo enumera hasta el tercer capítulo, refiriéndose a cómo el linaje de Jesús a través de José fue reconocido por los judíos en el momento de su bautismo.

Lucas, que no fue testigo presencial de los hechos que relata, entrevistó a muchos de los presentes para redactar su obra. Aunque su libro ocupa el tercer lugar entre los Evangelios, Lucas lo escribió en 56-58 d. C., entre la época en que Mateo y Marcos escribieron los suyos. Mientras que ellos escribieron para grupos específicos de personas, Lucas lo hizo para cualquiera que quisiera escuchar.

Al igual que Marcos, la historia de Lucas no termina con su Evangelio. También realizó viajes misioneros con Pablo y es generalmente aceptado como el autor del relato lleno de acción de los apóstoles y otros cristianos del siglo I en el libro de los Hechos[30].

Juan

Llenos de ardiente celo y preguntando en una ocasión si podían hacer bajar fuego del cielo en venganza, Juan y su hermano Santiago fueron etiquetados por Jesús como «hijos del trueno»[31]. Es interesante ver a través de los escritos de Juan cómo este dinámico apóstol maduró y aceptó las enseñanzas de Jesús, escribiendo más tarde extensamente sobre el amor.

Juan, que probablemente era primo de Jesús a través de Salomé, la hermana de María, es el apóstol más cercano a Jesús. De hecho, mientras Jesús agonizaba en la hoguera, confió a su madre, probablemente viuda por entonces, al cuidado de Juan.

Como pescador, él y Pedro fueron despreciados como «simples analfabetos» por los líderes religiosos que los oyeron predicar. Sin embargo, Juan demostró que estaban muy equivocados. Lejos de ser analfabeto, escribió cuatro libros de la Biblia, además del Evangelio que lleva su nombre.

Cuando escribió su evangelio cerca de la ciudad de Éfeso, en el año 98 d. C., Juan era el último apóstol vivo. Ofrece la imagen más íntima de Jesús y de quién era, así como la más singular. Solo el 10% de lo que

---

[30] La autoría de Lucas está confirmada ya por Ireneo y Clemente de Alejandría, escritores del siglo II, y por el fragmento muratoriano, que se cree fue escrito hacia 170 d. C.

[31] Jesús corrigió rápidamente a los hombres demasiado entusiastas y les dijo que esa no sería una respuesta adecuada a la situación.

trata es mencionado por los otros escritores de los Evangelios.

En Juan 20:31, el apóstol explica por qué escribió su Evangelio, diciendo que estas cosas fueron «escritas para que creáis que Jesús es el Cristo, el Hijo de Dios» y para que los lectores «tengan vida por medio de su nombre».

La exactitud de los cuatro Evangelios, Mateo, Marcos, Lucas y Juan, ha sido confirmada por los propios escritores, por quienes los conocieron y por otros primeros cristianos que llegaron después. Sin embargo, hay libros que tratan de la vida de Jesús que no entraron en el canon bíblico. ¿Cuáles son y por qué no se incluyeron?

Libros apócrifos

Los cuatro incluidos en la Biblia se consideran los únicos Evangelios de inspiración divina. Sin embargo, tras su redacción, comenzaron a aparecer «evangelios» de carácter más fantasioso en escritos y relatos orales, de los que se conocen unos treinta. Estos han sido llamados «apócrifos», un interesante término de la lengua griega que se traduce como «ocultar». ¿Qué se pretendía ocultar?

Algunos afirmaban conocer mejor a Jesús y sus enseñanzas, cosas que nadie más sabía. Por ejemplo, el «Evangelio de la infancia de Tomás» habla de la vida de Jesús cuando era niño y lo presenta más como un «Daniel el Travieso» sobrenatural que como el futuro Mesías. En esta obra, Jesús utilizaba sus poderes milagrosos para hacer travesuras y vengarse. En lugar de utilizar su poder para curar y resucitar a los muertos, el Evangelio afirma que, de niño, lo utilizó para mutilar y matar.

En el Evangelio de María, el personaje del título es la mujer más amada por Jesús, que recibe enseñanzas y conocimientos especiales que luego comparte con los apóstoles y discípulos[32]. En un momento dado, se dice que se enfrentó al apóstol Pedro por el liderazgo y la autoridad en la congregación.

Otros libros apócrifos, como el Evangelio de Judas y el Evangelio de Pedro, intentan convertir a los villanos en héroes y viceversa. La traición de Judas a Jesús se presenta como algo heroico, ya que el libro afirma que conocía al verdadero Jesús mejor que nadie. En una ocasión, se

---

[32] Los eruditos se preguntan a qué María bíblica se refiere, pero muchos creen que se trata de María Magdalena. La mayoría de los eruditos consideran que se trata de un texto gnóstico.

cuenta que Jesús se burló de sus apóstoles por falta de conocimiento. En el Evangelio de Pedro, el escritor exonera a Poncio Pilato de toda responsabilidad por la muerte de Jesús.

Muchos libros apócrifos contienen escritos que los expertos consideran más leyendas que hechos y contradicen lo escrito en los Evangelios bíblicos. Por ejemplo, El nacimiento de María presenta la idea de que, aunque la madre de Jesús, María, se casó con José, permaneció virgen el resto de su vida[33].

Entonces, ¿cuáles son las diferencias entre los Evangelios incluidos en la Biblia y los que no lo fueron? Los Evangelios bíblicos fueron escritos por quienes conocieron a Jesús o a sus apóstoles y fueron relatos de primera mano desde sus propios puntos de vista o de quienes fueron testigos de los acontecimientos. Los relatos no canónicos fueron escritos por personas que nunca conocieron personalmente a Jesús o a sus apóstoles, y a menudo hacen afirmaciones audaces de que revelan verdades ocultas sobre Jesús. Gran parte de lo escrito en ellos se considera dudoso o pura ficción histórica.

Los eruditos bíblicos no han encontrado pruebas reales que pongan en duda la autenticidad de los Evangelios inspirados. Pero, por el contrario, Ireneo, un escritor profesamente cristiano de finales del siglo II, escribió que estos libros apócrifos eran obras de apóstatas que «ellos mismos han falsificado, para confundir las mentes de los hombres necios».

Tras el fin de los Evangelios bíblicos sobre Jesús, ¿qué ocurrió entonces? Después de su muerte, ¿qué pasó con los apóstoles de Jesús y la obra que él comenzó?

---

[33] Los Evangelios mencionan a otros hijos de María, hermanos de Jesús.

Capítulo 3: Las misiones de los apóstoles

Con la traición de Judas a Jesús y su posterior suicidio, quedó un puesto por cubrir entre los apóstoles. Sin embargo, ese lugar no fue ocupado por Pablo, sino por Matías. De hecho, Pablo no era un apóstol original (aunque a menudo se lo etiqueta como tal), y no aparecería en escena hasta más tarde.

Los apóstoles encabezaron y se unieron a la obra ministerial, realizando milagros y difundiendo la «buena nueva» en el templo y «de casa en casa». Sin embargo, la persecución de lo que se consideraba una nueva secta empezaba a levantar su violenta cabeza.

Uno de los más feroces perseguidores de los discípulos de Jesús fue un fariseo llamado Saulo. Sin embargo, cuando se dirigía a Damasco, Siria, para perseguir a los discípulos de Jesús, tuvo una experiencia que le cambió la vida.

Al ver un destello de luz extraordinariamente brillante, Saulo quedó ciego. Una voz del cielo le preguntó: «¿Por qué me persigues?». La voz le indicó lo que debía hacer a continuación. Esta voz se identifica en el libro de los Hechos nada menos que como Jesús, ahora de vuelta al cielo. Para su propio beneficio, Saulo decidió seguir las instrucciones, lo que lo llevó a ser curado por un hombre llamado Ananías. Cuando Saulo recupero la vista, fue a Damasco, pero esta vez a predicar sobre Jesús en vez de perseguir.

Las cosas no fueron bien en Damasco, y Saulo huyó a Jerusalén. Pero una vez allí, su acogida por parte de los discípulos de la ciudad no fue muy calurosa: la reputación de Saulo lo precedía. A los discípulos les costaba creer que Saulo hubiera dado un giro tan drástico y completo, y les preocupaba que estuviera allí para tenderles una trampa. Sin embargo, un amable discípulo llamado Bernabé salió en defensa de Saulo y explicó a los apóstoles y a los demás cómo se había producido un cambio tan inmenso en Saulo[34].

Cuando llegó a Jerusalén la noticia de que la predicación a los griegos en la ciudad siria de Antioquía había dado buenos resultados, Bernabé llevó a Saulo a Antioquía. Allí encontraron una «muchedumbre considerable», y su trabajo ayudó a seguir «añadiendo al Señor».

Este fue un año clave en la historia del cristianismo. Los discípulos de Antioquía se reunieron durante el año siguiente, escuchando las enseñanzas que Jesús había dejado. Antes de que Bernabé y Saulo los dejaran, por «providencia divina», los discípulos se dieron a conocer como cristianos por primera vez.

Algún tiempo después, Saulo y Bernabé emprendieron su primera gira misionera, y probablemente fue entonces cuando Saulo decidió ser conocido por su nombre romano: Pablo.

El ministerio y los viajes misioneros de los apóstoles estuvieron llenos de acción, pero ninguno más que los de Pablo. Naufragios, turbas, revueltas, palizas, lapidaciones, encarcelamientos y mucho más plagaron su ministerio, pero eso apenas detuvo al valiente y celoso evangelizador.

Pablo y Bernabé viajaron por gran cantidad ciudades y países que, a grandes rasgos, abarcaban desde la actual Italia hasta Turquía, y tan al sur como Siria y Judea. A pesar de su éxito inicial en Antioquía, no todo fue coser y cantar para los evangelizadores. Su mensaje suscitó reacciones diversas, desde la fe hasta el odio asesino.

Muchas veces se vieron obligados a huir por su propia seguridad. Una de las ciudades a las que huyeron Pablo y Bernabé fue Listra, otra colonia romana con muchos edificios y estructuras excavados en la roca de toba volcánica sobre la que estaba construida la ciudad. Su visita comenzó con un milagro, pero pronto se convirtió en un caos. Pablo

---

[34] Destacado cristiano del siglo I cuyo nombre de pila era José. Los apóstoles le dieron el apellido Bernabé, que significaba «hijo del consuelo». Al igual que Pablo, más tarde se lo llamó apóstol, aunque no era uno de los doce originales.

curó a un hombre que había estado lisiado toda su vida. Cuando el hombre se levantó y empezó a andar, la gente creyó que era obra de sus dioses. Estaban convencidos de que Pablo y Bernabé eran dioses que habían tomado forma humana, y los llamaban Hermes y Zeus.

Como muestra de gratitud, la gente insistió en sacrificar toros a Pablo y Bernabé a pesar de las protestas de los apóstoles. Costó un poco, pero los evangelizadores acabaron por detener lo que habría sido un sacrificio inapropiado para ellos. Pero los problemas en Listra no habían hecho más que empezar.

Algún tiempo después, judíos de Antioquía e Konya bajaron a Listra para agitar la ciudad contra Pablo y Bernabé. Y funcionó. Las multitudes sacaron a Pablo de la ciudad y lo apedrearon, y solo se marcharon cuando creyeron que había muerto[35]. Sin embargo, cuando otros discípulos se enteraron y fueron a ver si Pablo seguía vivo, descubrieron que había sobrevivido. Se levantó y volvió con ellos a la ciudad. Al día siguiente, Pablo y Bernabé partieron hacia Derbe. A pesar de la persecución, su ministerio tuvo éxito: habían hecho «bastantes discípulos» (Hechos 14:21) en las ciudades que visitaron.

Con valentía, regresaron a Antioquía, Listra e Konya para comprobar el estado de los nuevos discípulos y nombrar ancianos (hombres maduros y estables que pudieran supervisar a cada grupo) en las congregaciones que habían ayudado a establecer.

Pablo, Silas y Timoteo también recibieron críticas mixtas cuando llegaron a Tesalónica, un sofisticado centro de cultura y comercio a lo largo de la *Vía Egnatia*. Después de que pasaran tres *sabbats* en la sinagoga de la ciudad razonando con la gente utilizando las Escrituras, muchos judíos se convirtieron en creyentes. A medida que se corría la voz por la ciudad, muchos griegos (término utilizado aquí por Lucas para incluir a todos los no judíos) se hicieron creyentes, así como bastantes mujeres prominentes de Tesalónica.

Pero entonces, como en otras ciudades, algunos judíos se indignaron con Pablo y sus compañeros. Con la intención de crear problemas, reunieron a los delincuentes de las calles y comenzaron un motín en la ciudad, marchando hacia la casa donde Pablo y Silas se alojaban como huéspedes. La muchedumbre gritó que Pablo, Silas y otros cristianos

---

[35] La lapidación era un antiguo castigo en el que se arrojaban grandes piedras a un delincuente hasta que moría.

estaban «causando problemas» en todo el mundo. Esencialmente acusando a los hombres de sedición, la multitud afirmó que se oponían al César y apoyaban a Jesús como rey —una afirmación muy peligrosa que hizo que los gobernantes de la ciudad se sentaran y tomaran nota. Pablo y Silas se vieron obligados de nuevo a huir de la ciudad. De allí fueron a Berea, una ciudad que posiblemente tenía una población judía muy numerosa.

Aunque los bereanos escuchaban con interés lo que Pablo les enseñaba, no se conformaron con su palabra. En lugar de eso, comprobaron lo que decía con las escrituras para asegurarse de que lo que decía era cierto. Por esto, Lucas los llamó «de mente noble». A través de la enseñanza y la investigación, muchos en la ciudad se convirtieron en creyentes, incluyendo muchos hombres y mujeres notables de la ciudad. Pero pronto, los problemas tesalonicenses de Pablo lo siguieron hasta Berea.

Los judíos que habían agitado a la gente de Tesalónica siguieron a Pablo a Berea para seguir agitando a la gente contra Pablo y los demás. Las cosas volvieron a deteriorarse, y Pablo, Silas y Timoteo se vieron obligados a abandonar Berea. Pablo se escondió en Atenas y esperó a que Timoteo y Silas se reunieran allí con él.

Pablo, que no era de los que se quedaban de brazos cruzados, se dedicó a predicar mientras esperaba a que los demás llegaran a Atenas. Sus interacciones allí eran muy diferentes a las de otras ciudades. Atenas era un epicentro de la religión, la filosofía y el saber ilustrado. Pablo se tomó su tiempo para observar lo que ocurría en la ciudad y adaptó su discurso a la gente.

Sin embargo, los filósofos epicúreos y estoicos que lo escucharon tacharon a Pablo de «charlatán» ignorante que espetaba tonterías[36, 37]. A otros les desconcertaba que hablara de un dios desconocido para ellos[38].

---

[36] Los epicúreos, seguidores del filósofo Epicuro, creían que los placeres y las cosas bellas eran el fin último de la vida, pero con moderación para evitar malas consecuencias.

[37] Los seguidores de las filosofías estoicas sostenían puntos de vista éticos radicales y creían que una persona podía deshacerse de emociones negativas como el miedo y la envidia mediante el perfeccionismo moral e intelectual.

[38] Aunque el Imperio romano era tolerante con la gran variedad de religiones que se encontraban en él, prohibía la introducción de nuevos dioses, sobre todo si no estaban en consonancia con la religión existente en una ciudad o región.

Sin embargo, como la ciudad era en general tolerante con los nuevos pensamientos e ideas, la gente sentía curiosidad por lo que Pablo tenía que decir. Lo llevaron al Areópago, una colina que servía de sede al sistema judicial ateniense. Allí pronunció un discurso ingenioso y sugerente que comenzó con la típica frase griega de apertura: «Hombres de Atenas». Aunque sabía que lo que les iba a decir estaba muy en desacuerdo con sus creencias, se tomó el tiempo de elogiarlos por tener una mentalidad espiritual.

Si bien Pablo adaptó cuidadosamente su discurso a su audiencia griega, no todos los presentes se dejaron convencer por sus palabras. Cuando presentó ciertas enseñanzas a la gente, como la resurrección, algunos se burlaron, mientras que otros creyeron. Sin embargo, muchos lo creyeron. Entre ellos había destacados atenienses, como un juez del consejo del Areópago. El discurso fue tan notable y convincente que una placa conmemorativa permanece en el Areópago hasta el día de hoy.

A continuación, Pablo viajó a Corinto, una ciudad portuaria relativamente grande y rica, además de centro de comercio con una notoria reputación de decadencia moral. Allí se reunieron con él Silas y Timoteo. Aunque de nuevo se encontraron con la dura y abusiva oposición de un contingente judío, muchos en la ciudad se convirtieron en creyentes. A pesar de ello, Pablo se quedó un año y medio, lo suficiente para ayudar a establecer una congregación, la misma a la que Pablo escribiría más tarde dos cartas.

Su predicación pareció tener éxito rápidamente en Filipos, una ciudad a lo largo de la *Vía Egnatia* que había sido colonizada por muchos veteranos militares romanos y cuyos habitantes estaban orgullosos de su ciudadanía romana[39].

No todas las experiencias implicaron grandes multitudes. Algunos individuos y sus familias respondieron directamente al mensaje de los apóstoles. Una de ellas fue en Filipos. Allí conocieron a una mujer llamada Lidia, aparentemente soltera o viuda. Era una comerciante de Tiatira que vendía ropa hecha con el famoso tinte púrpura de su ciudad natal. Lidia respondió favorablemente al mensaje y se mostró extraordinariamente hospitalaria con los predicadores. Pronto, ella y toda su familia se bautizaron.

---

[39] Es posible que no hubiera sinagoga allí, y algunos expertos creen que, debido al fuerte carácter militar de la ciudad, no se permitía a los judíos reunirse para el culto.

Una respuesta inesperada se produjo después de un incidente bastante sorprendente.

Pablo y Silas habían sido arrestados. En las profundidades de una húmeda prisión, los hombres estaban dolorosamente sujetos al cepo. Pero durante la noche, un terremoto sacudió la cárcel, abriendo las puertas de las celdas y liberando de sus ataduras a todos los presos, incluidos Pablo y Silas. El carcelero llegó y vio las puertas de las celdas abiertas e inmediatamente supuso que todos los presos se habían escapado. Desanimado, estaba a punto de suicidarse con su espada cuando Pablo le gritó que se detuviera, haciéndole saber que ninguno había huido[40].

El carcelero, aliviado y agradecido, aceptó entonces de buen grado el mensaje de Pablo, y él y toda su familia fueron bautizados «sin demora».

Aunque Pablo y sus compañeros a menudo eran molestados por grupos de personas, ciertos individuos causaron algunos problemas intensos. Uno de ellos era un hechicero que se enfrentó a Pablo y Bernabé.

Los hombres habían partido en su primera misión a Chipre, una isla bajo el dominio del Senado romano y país natal de Bernabé. Allí predicaron a un procónsul romano llamado Sergio Paulo, que se interesó por lo que tenían que decir. Pero el compañero del procónsul, Bar-Jesús (también conocido como Elimas, que significa «hechicero») trató de interrumpirlos y disuadir a Sergio Paulo de que creyera a los hombres. Pablo no aguantó mucho tiempo. Sin pelos en la lengua, dijo a Bar-Jesús que estaba «lleno de toda clase de fraudes y de toda clase de villanías» antes de llamarlo «hijo del Diablo» y «enemigo de todo lo justo». A continuación, dejó ciego temporalmente al hechicero de forma milagrosa, haciéndole saber que venía de la mano de Dios. Por su parte, el procónsul quedó asombrado por lo que vio y por las cosas que Pablo enseñaba y se convirtió en creyente.

Otro incidente en el que Pablo curó a una muchacha poseída por el demonio pronto le trajo problemas. Pablo y Silas fueron arrastrados ante los magistrados de la ciudad por una turba enfurecida, les arrancaron la

---

[40] Los antiguos carceleros eran muy responsables de sus prisioneros. Si alguno se escapaba, la condena del fugado recaía sobre el carcelero. Así que, al pensar que toda una prisión de reclusos se había escapado, el carcelero naturalmente temía las duras y desagradables penas que se le impondrían.

ropa y los azotaron antes de meterlos en la cárcel.

A veces, Pablo y los demás apóstoles tenían que superar problemas desde dentro de sus filas. Después de pasar algún tiempo en Antioquía y Jerusalén, Pablo y Bernabé estaban listos para su segunda gira misionera a finales del 49 o principios del 50 d. C. Esta misión consistía en controlar y animar a los discípulos de las congregaciones que se habían formado. Sin embargo, tuvieron un duro comienzo: una discusión sobre a quién debían llevar con ellos en la misión. Bernabé quería llevar a Juan Marcos[41]. De hecho, Bernabé estaba «decidido» a que fuera con ellos. Pablo, sin embargo, se opuso alegando que Juan Marcos (por alguna razón no revelada) se había marchado en medio de su primera misión.

El asunto provocó «una fuerte cólera» y los dos hombres se separaron. Bernabé se llevó a Juan Marcos y partió en misión a Chipre, mientras que Pablo se llevó a Silas para visitar las congregaciones de Siria y Cilicia[42]. Esta misión llevaría a Pablo de vuelta a Listra y Derbe.

Mientras estaba en esa zona, Pablo conoció a un joven llamado Timoteo. A Pablo le hablaron muy bien de Timoteo y quiso que los acompañara. Timoteo se convertiría en un buen y leal amigo y compañero de viaje de Pablo para toda la vida, desempeñando un papel importante en el ministerio y el fortalecimiento de las congregaciones.

Pablo, Silas y Timoteo partieron hacia Asia, pero el relato de los Hechos dice que, en el camino, fueron bloqueados «por el espíritu de Jesús» y redirigidos. Así que, en su lugar, viajaron a través de Galacia (actual sur de Polonia y oeste de Ucrania). Intentando viajar a través de Bitinia (noroeste de Turquía), fueron nuevamente bloqueados y redirigidos. Esta vez, viajaron a la ciudad de Tróade, en el distrito de Misia (otro distrito del noroeste de la antigua Turquía). Una vez allí, Pablo tuvo una visión de inspiración divina en la que se le ordenaba predicar en Macedonia (una zona que hoy abarca Grecia, el suroeste de Bulgaria y la República de Macedonia del Norte).

---

[41] Los Hechos dicen «Juan, el apellidado Marcos», el escritor de los Evangelios y primo de Bernabé.

[42] Silas era miembro de la congregación cristiana de Jerusalén, probablemente también llamado por su nombre romano Silvano. Posiblemente el mismo Silvano, que más tarde actuó como secretario de Pedro, ayudándole a escribir los libros de la Biblia que llevan su nombre. Silas y Timoteo también ayudaron a Pablo a escribir las dos cartas a los tesalonicenses.

A pesar de su apretada agenda de predicación, Pablo se mantuvo en contacto con lo que sucedía en las congregaciones que había establecido o visitado anteriormente. Cuando las cosas se ponían difíciles para algunos, escribía para animarlos y consolarles.

Mientras estaba en Corinto en su segunda gira misionera, escribió a la congregación de Tesalónica. Incluso después de que Pablo huyera de la violencia colectiva que habían provocado los judíos, los cristianos que permanecieron en la ciudad siguieron sufriendo persecuciones, pérdidas y otras fuertes presiones. La preocupación de Pablo lo movió a escribir su primera carta para animar, apoyar y dar algunos suaves recordatorios sobre cómo deben actuar los cristianos.

Pero, a veces, las congregaciones se desviaban del camino, y él necesitaba escribir cartas de consejo más contundentes para ayudarlos a corregir las cosas. Algún tiempo después de su primera carta, Pablo se enteró de que algunos en Tesalónica estaban enseñando cosas inexactas sobre Jesús y se habían desviado de las verdades originales que se les habían enseñado. Intentó corregirlos en su segunda carta. También vio que algunos no habían seguido sus recordatorios de la primera carta, por lo que volvió a amonestarlos para que se comportaran decentemente como debe hacerlo un seguidor de Jesús.

Aunque Pablo y sus compañeros se centraban mucho en su ministerio, también viajaban para animar y apoyar a los que ya se habían hecho cristianos en diversas ciudades. Así fue como Pablo inició su tercera gira misionera: viajando por Galacia y Frigia para fortalecer a los que ya eran discípulos. Mientras tanto, Apolos fue enviado de vuelta a Corinto.

A veces, ese apoyo venía en forma de enseñanza correctiva. Un buen ejemplo de ello fue en Éfeso. Acompañado por Timoteo y Erasto, Pablo habló en la sinagoga durante tres meses. A pesar de que Pablo utilizaba razonamientos y discursos persuasivos, no todos aceptaban lo que enseñaba. De hecho, algunos se levantaron y arremetieron contra las creencias del camino cristiano[43].

Otras veces, como en Tesalónica, el apoyo de Pablo llegó en forma de cartas a las congregaciones que tenían problemas. Por ejemplo, durante esta tercera gira misionera, Pablo estaba preocupado por los

---

[43] Los cristianos del siglo I llamaban a sus nuevas creencias «El Camino». Para ellos, no se trataba solo de una nueva religión, sino de una nueva forma de pensar y de vivir.

informes que recibía sobre la congregación de Corinto. Los corrigió en relación con la unidad, la inmoralidad y el rechazo de las falsas enseñanzas. Al parecer, también había recibido preguntas de la congregación, a las que se tomó el tiempo de responder. Les escribió dos cartas, ahora conocidas como los libros bíblicos de Primera y Segunda de Corintios.

Pablo pasó los dos años siguientes predicando en esta zona de Asia, pero la mayor parte de la acción tuvo lugar en Éfeso. Allí, Pablo, acompañado de Timoteo y Erasto, realizó muchos milagros, entre ellos expulsar demonios de los poseídos. En un incidente, un hombre poseído por el demonio golpeó con fuerza a siete hijos de un sacerdote. Aquel suceso infundió un sólido temor a los espíritus malignos en la gente a la que Pablo estaba predicando. Después de eso, muchos tomaron sus libros sobre artes mágicas y los quemaron en un gran incendio, a pesar de que valían mucho dinero. El libro de los Hechos dice que después de esto, la Palabra de Dios se esparció aún más, y la gente cambio sus vidas de acuerdo a lo que habían aprendido.

Pero ahí no acabó la acción en Éfeso. Se armó un gran alboroto, instigado por un platero enojado. Éfeso era famosa por su gran templo a la diosa Artemisa (una de las siete maravillas del mundo antiguo). Por ello, en la ciudad había muchos plateros —todo un gremio— que fabricaban y vendían santuarios y otros objetos religiosos relacionados con el culto a Artemisa. Pablo, Gayo, Aristarco y otros cristianos empezaron a enseñar que los dioses que la ciudad adoraba no existían y no eran más que ídolos fabricados por el hombre. Muchos habitantes de Éfeso se convirtieron al cristianismo debido a esto, pero esta denuncia no fue bien recibida por todos. Para los plateros, estas enseñanzas eran perjudiciales para el negocio. A Demetrio, un platero, también le preocupaba que, aparte de los negocios, las enseñanzas cristianas oscurecieran la magnificencia de su ciudad, su templo y sus dioses.

Demetrio pronunció un airado discurso que desató el frenesí en la ciudad. Como consecuencia, se produjo un motín, y la confundida turba se precipitó a la arena del teatro de la ciudad, llevándose consigo a Cayo y Aristarco. Pablo trató de seguirlos, pero fue detenido por otros cristianos y algunos funcionarios de la ciudad preocupados.

Dentro de la arena, la gente gritaba cosas diversas, la mayoría sin saber por qué estaban allí. Finalmente, un judío llamado Alejandro fue empujado hacia delante para calmar a la multitud. Alejandro tenía un verdadero reto entre manos. Al ver que era judío, la multitud coreó «¡Grande es Artemisa de los efesios!» durante dos horas, sin dejarle articular palabra.

Finalmente, un funcionario de la ciudad intervino para ayudar. Declaró que Pablo y los demás no habían infringido ninguna ley, pero que la multitud corría peligro inminente de ser acusada de sedición. Les dijo que si tenían algún problema, debían recurrir a los canales legales adecuados, no a una turba enfurecida. Sus palabras dieron en el blanco y la multitud se dispersó.

Después de esto, Pablo, Timoteo, Aristarco, Sópater y varios otros decidieron viajar de regreso a Macedonia a través de Grecia, deteniéndose en varios lugares. Tras unos meses y un viaje paralelo a Siria para evitar un complot de los judíos, Pablo supo que su ministerio estaba llegando a su fin. Dijo a los demás que el Espíritu Santo lo guiaba hacia Jerusalén, donde sería encarcelado. Por el camino, se despidió con lágrimas en los ojos de muchas de las congregaciones que había ayudado a formar y fortalecer. No fue solo. Al menos Lucas le acompañó a Jerusalén, donde fue arrestado y comenzó una fase diferente de su vida y ministerio.

El resto de los apóstoles y misioneros continuaron su labor de predicación y con las congregaciones. Pero los cristianos habían alcanzado una nueva fase. Sus cimientos se estaban solidificando, y los cristianos difundían la palabra dondequiera que estuvieran.

Capítulo 4: La primera Iglesia

Aunque los apóstoles y otros cristianos predicaron con resultados muy diversos, hasta el año 36 d. C., su atención se centró en persuadir a la población judía de que Jesús era el Mesías y había instituido un nuevo camino[44]. Los judíos eran la primera prioridad, así que los apóstoles empezaron en la ciudad con la mayor concentración de judíos: Jerusalén. No es de extrañar, pues, que allí se estableciera también la primera congregación cristiana. Pero, ¿quién iba a dirigirla?

Las Escrituras no indican que un hombre en particular fuera el líder de la congregación, pero los apóstoles Juan, Santiago y Pedro fueron mencionados como pilares, con el dinámico Pedro asumiendo el liderazgo como portavoz en muchas ocasiones[45]. No eran los únicos que asumían la responsabilidad del creciente discipulado cristiano. Otros, además de los doce apóstoles, llamados «ancianos», ayudaban a supervisar la comunidad de Jerusalén.

Sin embargo, había muchas personas y comunidades judías fuera de Jerusalén y Judea. La diáspora, o los judíos dispersos, se habían asentado por todas partes, de ahí la necesidad de una campaña de predicación. Aunque los judeocristianos predicaban a personas de su misma procedencia, los Hechos ponen de manifiesto que no siempre recibían una cálida acogida.

---

[44] Después de eso, el mensaje se abrió a los gentiles, o personas no judías.

[45] Se trataba del apóstol Santiago. Tras su muerte, el hermanastro de Jesús, Santiago, lo sustituyó en el órgano de gobierno.

Aunque llevaban mucho tiempo esperando al Mesías, no todos los judíos aceptaban las enseñanzas de Jesús, y muchos eran incluso hostiles hacia ellos. Como vimos en el relato anterior de los viajes de Pablo, los cristianos tuvieron cierto éxito al hablar con el pueblo judío común, aunque algunos se oponían vehementemente a la difusión de estas nuevas enseñanzas. Los líderes religiosos judíos hicieron que los apóstoles fueran arrestados y llevados ante el alto tribunal judío en varias ocasiones y los apóstoles fueron encarcelados varias veces por su mensaje[46].

Sin embargo, también hubo mucha respuesta positiva, sobre todo por parte de las comunidades judías de habla griega.

Muchos judíos habían emigrado y se habían asentado en toda la región mediterránea, viviendo en ciudades rodeadas de cultura helenística y vecinos de habla griega. Era inevitable que la cultura y las ideas griegas se filtraran en las comunidades judías. Aun así, estos emigrantes seguían practicando su religión judía y viajaban a Jerusalén para las fiestas judías anuales.

Influencias griegas

Aunque el Imperio romano reinaba en aquella época, la cultura griega seguía siendo una tendencia de moda (incluso para los romanos). Los primeros cristianos no fueron totalmente inmunes a su influencia y, en cierto modo, adaptaron su mensaje a un mundo mediterráneo obsesionado por lo griego.

El apóstol Pablo tenía una gran habilidad para ello. Con un alto nivel educativo, estaba familiarizado con muchos conceptos filosóficos griegos, como los de los estoicos y los epicúreos. Pablo encontró puntos en común incluso entre personas con puntos de vista completamente opuestos. Citaba a poetas como Arato y Cleantes para apoyar sus argumentos y utilizaba conceptos y términos entendidos para explicar su mensaje.

Pablo también se refería a la vida griega en sus enseñanzas, utilizando iconos culturales muy conocidos como el «templo del dios desconocido» y juegos atléticos como las carreras a pie para ayudar a que sus argumentos cobraran vida de una manera que la gente entendiera. Algunos términos griegos, como *karpos*, que significa fruto o

---

[46] Aunque, en más de una ocasión, fueron milagrosamente liberados de prisión.

fructificación, eran utilizados metafóricamente por los cristianos para explicar conceptos o pintar un cuadro que pudiera entenderse y aceptarse fácilmente.

Los escritos de los cristianos del siglo I no solo estaban teñidos de griego. Muchos libros de la Biblia se escribieron o tradujeron al griego para llegar a un público más amplio[47]. Tomaron prestados términos griegos, estructuras oracionales y estilo griegos, y la antigua cultura popular griega. Pero algo que los cristianos del primer siglo rechazaban rotundamente eran las creencias religiosas griegas filosóficas o paganas. Muchas enseñanzas griegas chocaban frontalmente con los valores cristianos, por lo que se advertía a los cristianos que no mezclaran creencias de inspiración griega con lo que se les enseñaba. De hecho, en varias cartas que Pablo escribió a las congregaciones, destacaba la necesidad de evitar la influencia de este tipo de enseñanzas griegas, toda una proeza en un mundo dominado por ellas.

Por otra parte, el judaísmo se había mezclado hasta cierto punto con la cultura y el pensamiento griegos, gracias en parte a judíos destacados como Filón, escritor del siglo I. Filón era partidario de ciertos conceptos enseñados por el filósofo griego Platón, aunque no estaba totalmente convencido de lo que decía el famoso pensador. Sin embargo, Platón influyó en él para que aceptara las enseñanzas sobre la inmortalidad del alma, algo que no enseñaban ni aceptaban los apóstoles ni la mayoría de los cristianos del siglo I, ni tampoco la mayoría de los judíos. Filón no era cristiano ni converso, pero sus ideas influyeron en algunos cristianos profesos, incluidos otros escritores cristianos que aceptaron su concepto. En parte, este concepto puede haber llegado al pensamiento de algunos cristianos a través de judíos convertidos al cristianismo.

La inmortalidad del alma no fue el único concepto griego que se abrió camino en algunos círculos judíos y cristianos. La interpretación de

---

[47] Como la lengua griega dominaba la sociedad, el hebreo pasó a un segundo plano, incluso entre los judíos. El significado y la comprensión de las escrituras importantes escritas en hebreo se perderían para vastos sectores de la población a menos que pudieran traducirse al griego. Durante los tres últimos siglos a. e. c., los eruditos judíos tradujeron meticulosamente las escrituras hebreas al griego. ¿Cuál fue el resultado? Lo que hoy se conoce como la versión griega Septuaginta de las escrituras hebreas. La traducción al griego supuso un cambio épico. Sin esta traducción al griego, el contexto del mensaje cristiano no habría podido entenderse a tan gran escala. Personas de diversos orígenes y culturas podían ahora comprender la importante historia y los conceptos que condujeron al cristianismo.

Filón de la palabra griega *logos* (que significa razón, o la palabra), junto con las influencias de Platón, Aristóteles y los estoicos, también formó la base de una enseñanza que más tarde se hizo popular en la cristiandad: la Trinidad[48].

Las sombras de la helenización también podían discernirse en las obras de escritores posteriores como Clemente, Orígenes y Eusebio. Las generaciones posteriores de escritores cristianos, entre ellos Gregorio Nacianceno (apodado el «Demóstenes cristiano») y Gregorio de Nisa (que también tenía un apodo de moda: «el padre del misticismo») produjeron poesía y otras obras artísticas de las que se decía que rivalizaban con las de los griegos[49].

Aunque las enseñanzas, la religión y la filosofía griegas eran prácticamente inexistentes en las congregaciones cristianas originales, la lengua y la cultura griegas influyeron en los escritos cristianos del primer siglo. Sin embargo, la filosofía griega empezó a impregnar lentamente las obras y enseñanzas de los escritores cristianos posteriores, como se verá más adelante.

---

[48] La palabra «trinidad» no se encuentra en los escritos bíblicos.

[49] Demóstenes fue un estadista, orador y prolífico escritor de discursos griego.

Capítulo 5: Las primeras comunidades cristianas

A medida que crecía el número de cristianos, también aumentaba la necesidad de hombres responsables que organizaran y pusieran en funcionamiento las cosas. Algunos de estos hombres responsables, cristianos maduros, se unieron a los apóstoles para formar un «órgano de gobierno» central que supervisaba la expansión de las congregaciones cristianas. Asimismo, daban instrucciones, aclaraban las enseñanzas doctrinales y tomaban decisiones basadas en las Escrituras y las enseñanzas de Jesús. Este órgano de gobierno ayudaba a nombrar ancianos en otras congregaciones y designaba supervisores para ayudar en proyectos especiales como la colecta de ayuda y la distribución de alimentos a los cristianos de zonas asoladas por el hambre[50]. Los ancianos también tenían asistentes que les ayudaban con tareas no espirituales dentro de la congregación. A estos hombres se los llamaba *diakonos*, un término amplio para ministro (algunos lo traducen como diácono).

En su mayor parte, los primeros cristianos estaban de acuerdo con esta estructura, aunque algunos tuvieron que ser asesorados por ser demasiado prominentes. Sin embargo, no había una verdadera «escalera» que ascender. Recibir supervisión significaba más responsabilidad, que la mayoría asumía admirablemente. A ninguno se

---

[50] Hombres que eran responsables del cuidado de la congregación.

le pagaba; era un sacrificio voluntario para trabajar por el bien de la congregación, hecho por amor y pasión por el trabajo. Los líderes eran hombres normales con trabajos seculares y familias que cuidar. Los cristianos veían esta forma de hacer las cosas como una disposición de Dios guiada por el Espíritu Santo.

Una de las mayores tareas del órgano de gobierno era organizar la predicación. Era una tarea ingente. A los apóstoles y discípulos de Jesús se les encomendó inicialmente predicar a los judíos «de todas las naciones». Esto sería difícil para su pequeño número. Los judíos estaban repartidos por todo el Imperio romano y hablaban muchas lenguas diferentes. Sin embargo, los discípulos actuales solo hablaban algunas de ellas. ¿Cómo podrían llevar a cabo esta tarea?

Hechos 2:1-4 relata un milagro entre un grupo de discípulos reunidos que hizo posible esta predicación a gran escala: «Y de repente vino del cielo un estruendo como de un viento recio que soplaba, el cual llenó toda la casa donde estaban sentados; y se les aparecieron lenguas repartidas, como de fuego, asentándose sobre cada uno de ellos. Y fueron todos llenos del Espíritu Santo, y comenzaron a hablar en otras lenguas, según el Espíritu les daba que hablasen».

Dada la milagrosa capacidad de hablar en lenguas extranjeras, los discípulos podían ahora predicar a judíos de otras naciones. Judíos de todo el Imperio romano y más allá se reunieron en Jerusalén para un festival religioso en ese momento, y los discípulos les predicaron en sus lenguas nativas.

La gente se quedó atónita, pero la acogida fue variada. Algunos estaban «perplejos» sobre cómo era posible que les hablaran en su propia lengua, y otros pensaban que los discípulos estaban borrachos. Sin embargo, Pedro no tardó en aclarar las cosas. En un discurso a la multitud, les dijo que los discípulos no estaban borrachos; el Espíritu Santo les había dado esa capacidad milagrosa. A partir de entonces, la noticia de Jesús y de todo lo que había hecho se difundió cada vez más rápido.

Pero no fue hasta el año 36 e. c. cuando la labor de predicación se amplió considerablemente. Todo comenzó con un gentil (persona no judía) llamado Cornelio. Se trataba de un hombre acaudalado, centurión romano (comandante militar a cargo de 100 soldados) en la ciudad de Cesarea. A pesar de su estatus de élite, Cornelio a menudo utilizaba su riqueza para ayudar a los necesitados. Aunque no era judío ni converso, los Hechos lo describen a él y a su familia como devotos y temerosos de Dios.

Una tarde, Cornelio estaba rezando cuando un ángel se le acercó en una visión. El ángel le dijo que Dios había visto sus buenas obras y su naturaleza sinceramente devota, por lo que había tomado nota de ello. Le ordenó que convocara al apóstol Pedro, que se encontraba en otra ciudad a cincuenta kilómetros de distancia. Al día siguiente, Pedro recibió el aviso en forma de su propia visión desconcertante. Justo cuando bajaba las escaleras, tratando de averiguar qué podía significar la visión, los hombres de Cornelio llamaron a su puerta. Pedro fue con él y, resumiendo, Cornelio y toda su familia fueron bautizados. Se convirtieron en algunos de los primeros prosélitos cristianos no judíos, y bajo la guía divina dada a Pedro, la puerta del cristianismo estaba ahora abierta a todo el mundo, sin importar su religión u origen. Con ello, el cristianismo alcanzó un nuevo nivel.

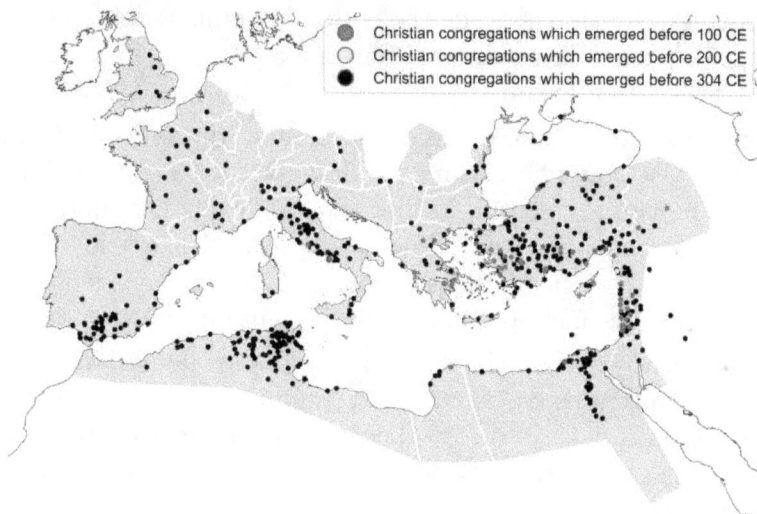

Distribución de las congregaciones cristianas en los tres primeros siglos
Jan Fousek, Vojtěch Kaše, Adam Mertel, Eva Výtvarová, Aleš Chalupa. Cita: Fousek J, Kaše V, Mertel A, Výtvarová E, Chalupa A (2018) Restricciones espaciales en la difusión de innovaciones religiosas: El caso del cristianismo primitivo en el Imperio romano. PLoS ONE 13(12): e0208744. https://doi.org/10.1371/journal.pone.0208744, CC BY-SA 4.0 <https://creativecommons.org/licenses/by-sa/4.0>, vía Wikimedia Commons; https://commons.wikimedia.org/wiki/File:Distribution_of_the_documented_presence_of_Christian_congregations_in_the_first_three_centuries.tif

Tanto para los conversos judíos como para los gentiles, el cristianismo no consistía simplemente en cambiar de religión; era una forma de vida completamente nueva, una cultura totalmente distinta. El fundamento de esa cultura era el amor. No el amor romántico (*eros* griego), sino el amor basado en los principios y el verdadero afecto familiar (*ágape* y *philia* griegos). Esa *philia* —amor fraternal— inspiró a los cristianos a llamarse hermanos unos a otros.

Ese amor debía ser sin prejuicios: la raza, el origen, la clase, el estatus social y la ocupación no importaban. Eso no quiere decir que algunos cristianos no tuvieran que superar obstáculos relacionados con prejuicios arraigados; incluso el apóstol Pedro tuvo problemas durante un tiempo. Pero Pablo predicaba que Dios acogía a todos los que querían aprender sobre él sin prejuicios y que los miembros de las congregaciones debían hacer lo mismo. Así, las primeras congregaciones contaban con una gran diversidad étnica y social: desde hombres libres hasta esclavos, desde personas sin educación hasta personas con una educación superior, desde personas de clase baja hasta nobles. Eran fabricantes de tiendas, pescadores, soldados, tejedores, mercaderes, nobles, ciudadanos prominentes, funcionarios de la corte del emperador, senadores y personas de todos los orígenes. Sin embargo, sus diferencias no los separaban. El amor los unía.

Jesús dijo que este tipo de amor los identificaría como sus verdaderos discípulos, y se convirtió en un sello distintivo de su cultura. Afectaba a todo lo que hacían y decían, incluso cuando la vida y la muerte estaban en juego. Tertuliano, autor cristiano del siglo II, escribió que los no cristianos se daban cuenta de este amor que los cristianos tenían entre sí y observaban que «incluso están dispuestos a morir unos por otros».

Los cristianos no limitaban su amor solo a los demás. Se esforzaban por ser buenos vecinos con todo el mundo. Su amor era más que simplemente no dañar a otros o hacer cosas inmorales. Era un tipo de cuidado activo y proactivo. Se les animaba a ser fuerzas del bien en sus comunidades.

Trabajaban y vivían modestamente para mantenerse a sí mismos y a sus familias, así como tener un poco más en caso de que otros lo necesitaran. Se hacían arreglos para cuidar de las viudas, los huérfanos y otras personas que necesitaban ayuda dentro de la congregación. En algunos casos, los que tenían medios vendían sus propiedades y posesiones, reuniendo sus recursos y dando lo que tenían a los apóstoles que organizaban la distribución. Este arreglo fue muy eficaz, tanto que Hechos 4:34 dice que «no había entre ellos ningún necesitado».

Los cristianos no solo ayudaban a los de su entorno inmediato, sino que formaban parte de una red interconectada que se extendía hasta donde había congregaciones. El primer ejemplo registrado de la labor de socorro de los cristianos tuvo lugar durante el reinado del emperador romano Claudio. Había hambre en Judea, y la mayoría de los pobres carecían de recursos para adquirir alimentos. Los cristianos de Antioquía hicieron balance de lo que podían dar y, con la ayuda de Pablo y Bernabé, organizaron el envío de contribuciones de socorro a Judea.

Curiosamente, todos los fondos recaudados fueron entregados voluntariamente y distribuidos por voluntarios. Nadie donó porque se sintiera avergonzado o forzado a ello, se llevara una parte del dinero o se le pagara por sus esfuerzos en la distribución (algunos de los cuales requirieron mucho tiempo, esfuerzo y viajes). Todo se hizo por amor y cariño hacia los demás. Todo lo que se recaudaba se destinaba directamente a atender a quienes lo necesitaban.

Poco después, a principios del reinado del emperador romano Nerón, en el año 55 de nuestra era, muchos cristianos de Judea seguían luchando contra la pobreza. Pablo encabezó una colecta masiva en las congregaciones de Galacia, Acaya y Macedonia. En el año 56, se llevaron todo lo recaudado. Pablo, acompañado de varios cristianos por seguridad, entregó personalmente las contribuciones a los de Judea.

Además de ayudarse unos a otros, los cristianos eran ciudadanos respetuosos de la ley. Consideraban que las autoridades gubernamentales —sí, incluso los tan odiados romanos— tenían permiso de Dios para estar en sus puestos. La ley y el orden traían cierta paz y estabilidad a su sociedad, y ellos hacían su parte para cooperar, ya que beneficiaba a todos. No querían recibir esos beneficios sin dar nada a cambio.

Los cristianos pagaban tranquilamente sus impuestos, a pesar de que para muchos de los judíos, los impuestos eran una verdadera llaga y el catalizador de violentos enfrentamientos a lo largo de los años. También cumplían de buen grado los deberes cívicos que les pedía el gobierno, aplicando el principio del que habló Jesús en Mateo 5:41: «Y cualquiera que te obligue a ir una milla, ve con él dos».

Sin embargo, su acatamiento tenía límites. Aunque los cristianos obedecían a las autoridades gubernamentales, obedecían ante todo a Dios. Por lo tanto, si se les ordenaba u obligaba a hacer algo que iba en contra de las leyes y principios de Dios o de sus conciencias entrenadas, ahí terminaba su conformidad con las leyes humanas. Por ejemplo, hubo muchos casos en que los apóstoles y discípulos fueron encarcelados y se les ordenó dejar de predicar. ¿Su respuesta? «Debemos obedecer a Dios como gobernante antes que a los hombres». No permitirían que nada de lo que ordenaran las autoridades pusiera en peligro su relación con Dios.

La vida de los cristianos del primer siglo giraba en torno a asuntos espirituales. Hay muchos ejemplos en la Biblia y en el testimonio de escritores como Tertuliano, que hablaba de los cristianos que se reunían para discutir, enseñar y escuchar los escritos sagrados. Cuando algunos de los cristianos de lengua hebrea flojearon en este terreno, Pablo les recordó que «no dejasen de reunirse». Esto era para su beneficio y para animar a otros con los que se reunían. Esto hizo que el arreglo congregacional beneficiara a todos los que participaban.

También hicieron de la predicación y la enseñanza cristiana un enfoque en sus vidas. Tanto los hombres como las mujeres iban de casa en casa de forma organizada, la manera más eficaz de asegurarse de que todos escuchaban el mensaje. De la misma forma, intentaron llegar a los que se encontraban en los mercados y otros lugares públicos.

A pesar de las buenas obras y el amor entre los cristianos, seguían siendo personas imperfectas. Experimentaban problemas reales como cualquier otra persona. Pablo y los otros apóstoles tuvieron que orientarles en numerosas ocasiones, advirtiéndoles que algunas congregaciones necesitaban tomar las riendas. Los cristianos debían mantener una conducta moral elevada, pero no todos lo hacían. Algunos se mezclaron en comportamientos deshonestos e inmoralidad; otros se convirtieron en apóstatas que promovían sectas, borrachos, extorsionadores y calumniadores. En un caso, un hombre se acostaba con la mujer de su padre. Muchos cambiaron cuando se les corrigió, pero unos pocos no se arrepintieron, y a estos no se les permitió quedarse e influenciar a otros. Fueron expulsados de la congregación para no contaminar su limpieza moral.

Con defectos y todo, los primeros cristianos se esforzaban por mantener el equilibrio adecuado entre ser buenos miembros de la familia, ciudadanos, miembros de la congregación y, sobre todo, buenos a los ojos de Dios. Pero todavía se estaban refinando para hacerlo bien de acuerdo a lo que Jesús enseñó.

Capítulo 6: Eliminación de las características judías

Si bien es cierto que Jesús y algunos de los apóstoles pronunciaron algunas palabras mordaces contra los fariseos judíos, su propósito no era crear animosidad entre sus seguidores y los judíos. Sin embargo, muchos de los líderes religiosos judíos se sintieron ofendidos por el continuo proselitismo y la conversión de judíos al cristianismo. Aparte de eso, uno de los mayores puntos de discordia entre judíos y cristianos era la identidad del tan esperado Mesías.

Aunque había continuidad entre las creencias judías y las enseñanzas de los cristianos, la brecha entre ambas era evidente. Ambos grupos creían en un Dios Todopoderoso, creían que las Escrituras hebreas eran sagradas y de inspiración divina, tenían en gran estima a los profetas y hombres fieles de la antigüedad y rechazaban las creencias paganas. No se pueden leer los Evangelios sin toparse con abundantes citas y referencias a las Escrituras hebreas. Estas enseñanzas y creencias judías constituían un conjunto de información que apuntaba al Mesías. Pero quién era y cuál era su propósito, ahí es donde sus caminos divergían.

Los cristianos enseñaban que el antiguo sistema de creencias judías había sido sustituido por el nuevo camino que Jesús había iniciado. Su muerte había dado comienzo a una nueva alianza en la que el pueblo judío ya no era el único pueblo elegido por Dios, sino que la aceptación de su culto por parte de Dios dependía de su aceptación de Jesús como Mesías. «Fuera lo viejo y adentro lo nuevo» no sentó bien a todo el mundo. Esto resultó ser cierto incluso entre los judíos convertidos en cristianos.

Tal vez uno de los temas más debatidos de la época fue la circuncisión. La ley judía exigía que todos los varones fueran circuncidados ocho días después de nacer. Y si un hombre se convertía al judaísmo, el requisito de la circuncisión seguía en pie, aunque sería mucho más memorable de adulto. Muchos cristianos judíos pensaban que el requisito también se aplicaba a los hombres gentiles que se convertían al cristianismo. Argumentaban que necesitarían ser circuncidados para ser aprobados por Dios.

Pablo y Bernabé discutieron fuertemente con los de las congregaciones de Siria, Antioquía y Cilicia en contra de la necesidad cristiana de la circuncisión. Como no se ponían de acuerdo sobre un tema tan delicado, el asunto se llevó al órgano central de gobierno en Jerusalén para que lo resolviera.

Pedro fue el primero en hablar a favor de no añadir la carga de la circuncisión a los cristianos. Santiago, que habló a continuación, lo apoyó. La decisión de todo el órgano de gobierno fue unánime: no imponer la circuncisión a *nadie,* probablemente para gran alivio de muchos. Esta decisión era solo un aspecto en el que los cristianos abandonaban sus antiguas costumbres judías.

Según la ley judía, ciertos animales (como los cerdos) se consideraban inmundos y nunca se encontraban en la mesa de un judío respetuoso de la ley. Pero un día, Pedro tuvo una visión, y la carne de cerdo, entre otros alimentos antes prohibidos, estaba ahora permitida en el menú. En esta visión, recogida en Hechos 10:11-15, Pedro vio descender del cielo una gran sábana sobre la que había todo tipo de cuadrúpedos, aves y reptiles. Una voz del cielo le dijo a Pedro que comiera. Pedro se horrorizó: nunca se atrevería a comer un animal impuro. Tres veces, la voz le aseguró que podía comer, dándole permiso divino para comer la carne que consideraran oportuna. Sin embargo, es casi seguro que muchos cristianos judíos tuvieron la misma reacción de repulsión que Pedro. Más tarde, Pablo dijo a los corintios que si eran huéspedes en casa de alguien, que «comieran lo que se les pusiera delante»[51].

---

[51] Aquí, Pablo estaba hablando principalmente de carnes ofrecidas a dioses paganos y luego vendidas en el mercado. Algunos cristianos se oponían a comerlas porque se habían utilizado en ritos paganos. Sin embargo, él no habría dicho a la congregación que comieran lo que les

Otra vía en la que el cristianismo divergía de las costumbres judías era en la socialización entre judíos y gentiles. Antes, los dos grupos no se mezclaban socialmente, y mucho menos comían juntos. Según los líderes religiosos judíos, cualquier judío que *entrara* en la casa de un no judío era considerado ceremonialmente impuro. Pedro, tras convertir a Cornelio al cristianismo, sentó el precedente de comer con cristianos gentiles y, al parecer, así lo hizo durante los trece años siguientes, hasta que desembarcó en Antioquía de Siria. Muchos cristianos judíos habían tardado en desprenderse de sus anteriores formas de pensar y actuar, y esto era algo a lo que se adherían estrictamente.

Cuando Pedro se enteró de que algunos cristianos judíos venían de Jerusalén, abandonó repentinamente la comida con los cristianos gentiles, fingiendo que nunca había sucedido por miedo a ser condenado al ostracismo por los visitantes. Los demás cristianos judíos siguieron su ejemplo, e incluso Bernabé participó en la farsa. Pablo, sin embargo, se enteró de lo que estaba ocurriendo y les corrigió con suavidad pero con firmeza. Todos los cristianos deben estar unidos, independientemente de su origen.

Lo que Pedro y los demás habían hecho no era solo una cuestión de hábitos alimenticios. Al adoptar esa actitud, estarían prácticamente anulando la decisión tomada por el órgano de gobierno de Jerusalén. Cuando tomaron su decisión sobre la circuncisión, el cuerpo gobernante había concluido sus palabras diciendo: «Porque el Espíritu Santo y nosotros mismos hemos favorecido el no añadiros más carga que estas cosas necesarias: que os abstengáis de cosas sacrificadas a los ídolos, de sangre, de lo estrangulado y de inmoralidad sexual». En efecto, declararon que la Ley de Moisés ya no era vinculante para los cristianos, y que todos debían seguir el nuevo camino.

En general, los cristianos no se separaban poco a poco de sus raíces judías para causar división. Su objetivo era ayudar al pueblo judío a comprender las enseñanzas de Jesús. Y, en su mayor parte, trataban de hacerlo con amor.

Un buen ejemplo es un conocido diálogo del siglo II entre el cristiano Justino Mártir y el judío Trifón. En lugar de enfrentarse, Justino apeló a su compañero judío asegurándole en primer lugar que sentía el mayor respeto por el pueblo judío. Justino utilizó palabras persuasivas

---

sirvieran si hubiera restricciones divinas sobre ciertas carnes.

---

templadas con un tono fraternal para convencer a Trifón de que Jesús es el Mesías. Aunque al final acordaron discrepar, se separaron como amigos.

Ciertamente, no todas las interacciones entre judíos y cristianos fueron tan bien, pero ayuda a mostrar la compleja y variada dinámica entre los grupos. Sin embargo, no pasó mucho tiempo antes de que los cristianos se apartaran solo de las creencias judías: muchos empezaron a apartarse de las enseñanzas originales del propio cristianismo.

Capítulo 7: Una religión, muchas versiones

Los apóstoles Juan y Pablo lo llamaron correctamente (bajo inspiración divina). Para finales del primer siglo, la desviación de las enseñanzas originales de Jesús y los apóstoles había comenzado. La mezcla de filosofías y otras ideas religiosas, antiguas y nuevas, dio origen a muchos nuevos vástagos que operaban bajo la bandera del cristianismo.

Uno de estos movimientos, el gnosticismo, se afianzó en el siglo I, pero ya en el II d. C. había empezado a hacerse popular. En parte místico, en parte filosofía estoica, entre otras cosas, algunos eruditos creen que el gnosticismo fue iniciado por un mago llamado Simón, al que se hace referencia en el libro de los Hechos[52].

La idea de ser consciente de cosas místicas profundamente ocultas, como el conocimiento especial incrustado en los números de la Biblia, atrajo a algunos. Los conceptos detrás del gnosticismo no eran nada nuevo, incluso para el primer siglo. Los gnósticos tomaban pequeños fragmentos de aquí y de allá: una pizca de judaísmo, un puñado de ideas de culturas antiguas como Babilonia y Egipto, algunos conceptos de religiones orientales y, más tarde, una pizca de cristianismo[53].

---

[52] A diferencia de los prestidigitadores actuales, Simón practicaba artes mágicas relacionadas con el ocultismo.

[53] Algunos de los conceptos religiosos orientales eran el equilibrio entre el bien y el mal, el yin y el yang.

Según el gnosticismo, el Dios de los judíos y los cristianos no era el Creador todopoderoso, sino un dios menor que gobernaba uno de los 345 cielos. Creían que la creación del universo fue un gran e imprudente error de una deidad más suprema llamada Sophia (o Sabiduría). Con la ayuda de un «artesano» semidivino, Sophia creó inadvertidamente un mundo (la Tierra) que no era más que una copia de otro reino ya existente. El malévolo artesano, Demiurgo (correspondiente al Dios Todopoderoso Yahvé cristiano y judío) tenía una inclinación obvia por el pueblo judío y se erigió en este mundo como el único dios existente, enfureciendo a otras deidades superiores. Si eso no fuera suficiente para que los primeros padres de la iglesia declararan el gnosticismo una herejía, había más. Demiurgo, un tipo colérico y celoso, causa todo tipo de problemas en la Tierra debido a su favoritismo. En un intento de salvar a los humanos de todos estos problemas, los dioses de los otros 364 cielos enviaron a Jesucristo a la Tierra como salvador. Un filósofo gnóstico posterior, Basílides, declaró que Jesús no murió realmente. Su muerte fue un engaño o una visión.

Aunque estas creencias se consideraban herejías, no todos estaban de acuerdo. Algunos, como el maestro gnóstico Valentín, creían que el movimiento encajaba bien con las enseñanzas cristianas. En lugar de contradecir las enseñanzas cristianas, algunos maestros gnósticos dieron un giro a las enseñanzas originales, infundiéndoles a veces un sabor estoico. Cambiaron los conceptos de pecado y arrepentimiento por los de pecado y fe como consecuencias de la mera existencia. En lugar de que la salvación estuviera abierta a cualquiera, solo estaba disponible para aquellos con conocimientos místicos especiales. En vez de la libertad a través del sacrificio de Jesús, se alcanzaba negándose a uno mismo cualquier deseo corporal.

Incoherente y difícil de comprender, el gnosticismo fue rechazado en gran medida por los primeros cristianos como una aberración encubierta en una capa apenas velada de cristianismo.

Los ebionitas, que posiblemente surgieron cuando el Templo de Jerusalén fue destruido por los romanos en el año 70 d. C., surgieron de un grupo disidente de judíos cristianos. Sin pruebas arqueológicas de su existencia, podrían haber permanecido para siempre en la oscuridad si no fuera por los relatos de sus críticos. Justino Mártir e Ireneo los mencionan, pero el relato más completo fue escrito por Epifanio en el siglo IV, aunque lo que dice de ellos solo proporciona una descripción general. Los ebionitas formaban parte de las ochenta sectas que Epifanio denunció como heréticas.

La etiqueta de herejes les fue impuesta debido a su mezcla de judaísmo y cristianismo. Aunque puedan parecer similares, los ebionitas no deben confundirse con los cristianos judíos. Había una gran diferencia. Los judeocristianos eran judíos de nacimiento y se convertían al cristianismo, adoptando plenamente la fe cristiana y aceptando que ya no estaban bajo la ley judía. Los ebionitas, sin embargo, eran judíos cristianos que adoptaron los fundamentos de las enseñanzas cristianas, pero se «aferraron obstinadamente» a la ley judía, sosteniéndola como una obligación, a pesar de que los cristianos ya no estaban bajo la ley mosaica (judía)[54]. Sostenían que, puesto que Jesús era un judío que utilizaba la ley mosaica en sus enseñanzas, era la forma correcta de vivir.

Al igual que los judíos y los cristianos, creían en un Dios Todopoderoso, pero a diferencia de los judíos o los cristianos, creían en Jesús con un cierto giro. Al parecer, solo aceptaban el Evangelio de Mateo, excepto la parte del nacimiento virginal[55]. Creían que Jesús era un verdadero profeta y el Mesías esperado, pero no tenía un origen divino. Para ellos, era un ser humano normal e hijo natural de María y José. La única razón por la que podía reclamar el estatus de Mesías era que seguía estrictamente la ley judía, un ejemplo elevado que ellos se esforzaban por imitar. Claro, era un gran ejemplo, y uno tenía que escuchar sus enseñanzas para encontrar el Reino de Dios, pero muchos ebionitas no creían que su sacrificio cubriera sus pecados.

Aun así, los ebionitas no se aferraban a *todas* las prácticas judías. Consideraban que la antigua práctica de los sacrificios de animales ya no era necesaria o requerida debido a la creencia claramente cristiana de que la muerte de Jesús era un sacrificio final que cubría sus pecados. Parte de su resistencia a alejarse completamente de la ley judía podría haber sido alimentada por la apertura del cristianismo a los gentiles y su dieta de «todo se acepta». Los ebionitas preferían adherirse estrictamente a las pautas dietéticas judías y a la regla de no confraternizar con los gentiles del pasado. La congregación cristiana era ahora un crisol de culturas, y no podían aceptarlo.

---

[54] Según las palabras de Ireneo.

[55] Más tarde también consideraron insatisfactorio el Evangelio de Mateo y lo reelaboraron, dando a su libro el nombre de Evangelio de los Ebionitas. No se conserva ningún texto de esta obra.

Los ebionitas no solo tenían problemas con los gentiles. También tenían un gran problema con el apóstol Pablo, que había sido un fariseo judío antes de ver la luz literal del Señor en el camino y convertirse. Considerándolo un apóstata, los ebionitas rechazaban completamente sus escritos. A diferencia de ellos, Pablo enseñaba el fin de la ley judía y también la practicaba, una de las cosas que llevó a los ebionitas a concluir que no era tan fiel a las enseñanzas de Jesús como ellos. Según Epifanio, el chisme de moda entre los ebionitas era que Pablo no había nacido judío, sino que era un griego converso que escandalosamente adoptó el judaísmo solo para casarse con la hija del sumo sacerdote. Pero se decía que ella lo rechazó, lo que condujo a su apostasía.

Hablando de apostasía, la ironía aquí fue que, a medida que avanzaban los primeros siglos, los ebionitas se mantuvieron más fieles a las enseñanzas cristianas originales que la mayoría de los que profesaban ser plenamente cristianos. Rechazaron ideas que se habían colado en las enseñanzas cristianas, como la Trinidad, pero mantuvieron las enseñanzas sobre el Reino de Dios y su papel futuro, Jesús teniendo una existencia prehumana en el cielo, y el cuerpo gobernante de Jerusalén tomando el liderazgo entre los primeros cristianos en oposición a solo Pedro.

Los ebionitas, sin embargo, no eran la única secta judeocristiana. Estrechamente vinculados a ellos estaban los nazarenos. Algunos escritores cristianos de los primeros siglos diferenciaron entre ambos grupos. Algunos los confundían con judíos. Jerónimo, en cambio, creía que ebionitas y nazarenos eran la misma cosa. Pero al no conservarse información de la época, no hay forma concreta de saber por qué creía esto.

En el libro de los Hechos, los no cristianos se referían al cristianismo como la «secta de los nazarenos», quizá debido a que Jesús era de Nazaret. Es posible que los no cristianos confundieran los hechos y utilizaran una etiqueta inexacta o metieran en el mismo saco a todos los que creían en Jesús.

Los nazarenos parecían tener mucho en común con los ebionitas en el sentido de que ellos también se aferraban a las costumbres y la ley judías. Otra cosa que tenían en común era su aversión por Pablo (irónico, ya que se lo acusa de ser el cabecilla de la «secta de los nazarenos» en Hechos 24:5), probablemente debido a su predicación de que la ley judía ya era obsoleta. Y aquí es donde los nazarenos divergían de los ebionitas. Los ebionitas creían que *todos* debían adherirse a la ley judía, mientras que los nazarenos creían que solo era necesario para los nacidos judíos.

Independientemente de sus creencias, los nazarenos no eran los mismos nazarenos a los que se hacía referencia en la época de Pablo. Parece que los últimos nazarenos se desvanecieron en la oscuridad en el siglo V, la última vez que se les menciona por escrito. Pero no fueron la última de las sectas judeocristianas mencionadas.

Los enigmáticos elcesaítas surgieron a principios del siglo II[56]. ¿Quiénes eran? Es muy difícil decirlo, ya que parecían tener una crisis de identidad respecto a lo que creían. Aunque adoptaron algunas creencias cristianas o versiones de ellas, sus doctrinas tenían un marcado carácter gnóstico. Sin embargo, estaban estrechamente relacionados con la muy disciplinada secta judía de los esenios. También tomaron prestado de algunas religiones paganas orientales, mezclando naturalismo, astronomía y magia, utilizando las estrellas para elegir fechas propicias para acontecimientos importantes como el bautismo.

Al igual que otras sectas judeocristianas, los elcesaítas cumplían a rajatabla las leyes judías, como la observancia del *sabbat*, la oración mirando a Jerusalén y, en particular, la cuestión tan controvertida de la circuncisión. Pero dejaban de lado uno de los principales principios de la ley judía: los sacrificios de animales. Puede que no estuvieran totalmente de acuerdo con las otras sectas en ciertos asuntos, pero una cosa que todos compartían era el rechazo a Pablo y sus escritos.

Aunque más tarde se «cristianizaron», los elcesaítas eran menos comprometidos que los cristianos de pleno derecho, y sus opiniones sobre Jesús rozaban la ambigüedad. Apoyaban el nacimiento virginal de Jesús. Sin embargo, algunos pensaban que no era más que un ángel, mientras que otros adoptaban una visión reencarnatoria de Cristo: un ciclo continuo en el que moría y renacía en la Tierra, un ciclo que comenzaba con Adán. Al igual que los primeros cristianos, celebraban la llamada Cena del Señor, originalmente una conmemoración de la muerte de Jesús[57]. Al igual que los primeros cristianos, los elcesaítas eran grandes defensores del matrimonio. Sin embargo, creían que estaba bien

---

[56] Existen diversas opiniones sobre el origen de su nombre: una ciudad llamada Elksai, un misterioso fundador llamado Elxai o el nombre del principal libro sagrado de la secta.

[57] También llamada Última Cena y Cena del Señor.

abandonar su fe cuando la persecución se volvía demasiado ardiente.

Entonces, ¿cómo llegó el gnosticismo a la mezcla? Un gran ejemplo es el principal libro sagrado de los elcesaítas, escritos que no formaban parte de la Torá ni de la Biblia. Orígenes afirma que el libro de Elxai (Elcesai), de gran influencia en la secta, cayó directamente del cielo. (Otros relatos dicen que fue entregado por un ángel). Al más puro estilo gnóstico, el contenido del libro solo podía ser revelado a una persona que hubiera jurado guardar el secreto y no revelar nunca sus palabras.

Pero, ¿qué pensaban del libro algunos de los primeros Padres de la Iglesia? Epifanio dijo que el libro era para personas que no eran «ni judíos, ni cristianos, ni paganos», sino para quienes se encontraban firmemente en el punto medio de estas tres ideologías religiosas. Como dice la Enciclopedia Católica, el credo elcesaíta era una «mezcla salvaje de supersticiones paganas» mezcladas con cristianismo y judaísmo, lo que hacía de los elcesaítas uno de los grupos más difíciles de definir. Parecían desafiar cualquier categoría de religión.

Aunque pocos textos contemporáneos hablan de estos grupos, hay abundantes pruebas de que, en el siglo II, las creencias cristianas o pseudocristianas se habían abierto camino en otros grupos religiosos o se habían mezclado con otras enseñanzas. Lo que había escrito el apóstol Juan se hizo realidad: tras la muerte de los apóstoles, las enseñanzas cristianas originales se diluyeron.

Capítulo 8: Los primeros padres de la Iglesia

¿Quiénes fueron los hombres que lideraron las primeras congregaciones cristianas y cuáles fueron sus historias? Importantes para la historia del cristianismo y fascinantes por su fe y sus hechos monumentales, he aquí las historias de algunos de los hombres que dejaron su huella en el cristianismo de los primeros siglos.

Por supuesto, debemos empezar por algunos de los apóstoles, hombres que ayudaron a formar el órgano de gobierno original de Jerusalén y tomaron algunas de las decisiones más importantes de la historia del cristianismo.

No se sabe mucho de la vida personal de Pedro, aparte de que era un pescador casado que a veces se comportaba de forma un poco imprudente. Sin embargo, era conocido por ser audaz, valiente y ferozmente leal por naturaleza. Era uno de los considerados «iletrados y ordinarios»[58] por los fariseos. Sin embargo, cuando Jesús llamó a Pedro para que fuera su seguidor, Pedro lo dejó todo sin dudarlo. Su vida se convirtió en cualquier cosa menos ordinaria.

Extrovertido y con una gran personalidad, Pedro era, como era de esperar, el portavoz de los apóstoles. Jesús también le dio las importantes y metafóricas «llaves del reino». ¿Qué abrieron? Volviendo

---

[58] Esto no significaba que no supiera leer y escribir, sino que carecía de educación formal en una escuela rabínica y no ocupaba ningún puesto de prestigio dentro de las filas judías.

a la visión de Pedro de los animales que bajaban del cielo, vemos que no se trataba solo de poder comer sabrosas carnes. Tenía un segundo significado. Anteriormente, los judíos veían a los gentiles como «impuros», pero en la visión, a Pedro se le dijo que «dejara de llamar impuro a lo que Dios ha llamado limpio».

Esas llaves, como se las llamaba, abrían el mensaje a tres grupos distintos: los judíos y los judíos conversos, los samaritanos y los gentiles[59]. Jesús le había dicho a Pedro en Juan 21:15-17 que cuando ya no estuviera con ellos, Pedro debía «apacentar a sus ovejitas», lo que significaba que debía desempeñar un papel importante en el cuidado espiritual de los discípulos. La forma principal en que Pedro lo hacía era predicando y organizando la predicación realizada por otros discípulos. Con Pedro a la cabeza, todos tendrían la oportunidad de escuchar lo que Jesús había predicado y decidir si se bautizaban en el camino cristiano.

Pedro cargaba con una gran responsabilidad, pero ¿cómo se sentía respecto a su papel entre los demás cristianos? Curiosamente, en ninguna parte Pedro toma decisiones por nadie ni reclama un puesto como cabeza de las congregaciones cristianas. En cambio, se refiere a sí mismo como un «hombre mayor» o «anciano» y un apóstol, que trabaja con los otros ancianos y apóstoles designados. A pesar de sus comienzos a veces bruscos, la humildad posterior de Pedro se puso de manifiesto cuando impidió que Cornelio se arrodillara, se postrara o le rindiera cualquier forma de culto.

Además de predicar y tomar decisiones importantes, Pedro había recibido el poder de hacer milagros. Se lo menciona como sanador de dos hombres en dos ocasiones distintas y también fue el primer apóstol en realizar una resurrección cuando resucitó de entre los muertos a una mujer llamada Tabita.

No todos eran admiradores de Pedro. En particular, provocó la ira del gobernante de Judea, Herodes Agripa I, quien, deseoso de ver muerto a Pedro, dictó sentencia de muerte contra el apóstol. Sin duda, resonaban en sus oídos las palabras de Jesús, que años atrás le había dicho a Pedro que moriría como mártir. No obstante, este no era el

---

[59] Los samaritanos eran personas mitad judías que habían adoptado algunas costumbres y creencias judías, como la gran estima por los cinco primeros libros de las Escrituras hebreas. Sin embargo, no se los consideraba parte de la nación judía.

momento. Pocas horas antes de ser ejecutado, Pedro escapó de sus guardias y de las garras de Herodes con la ayuda de un ángel.

Sin embargo, la muerte y el martirio aún encontrarían a Pedro. Aunque la Biblia no especifica cómo murió, en la versión más común de su muerte, el emperador Nerón lo alcanzó durante la persecución de los cristianos en Roma[60]. El historiador Eusebio escribió que Pedro, atado y conducido, murió del mismo modo que Jesús: colgado de una estaca. Pero según Eusebio, hubo un giro: Pedro pidió ser colgado cabeza abajo porque se sentía indigno de morir de la misma manera que su maestro. No hay pruebas de cuál es la versión exacta, si es que existe alguna.

Pedro, sin duda uno de los pilares de la congregación primitiva, no era el único que asumía la responsabilidad del joven grupo cristiano. Muchos otros hombres responsables estaban haciendo su parte. Uno de ellos era el medio hermano de Jesús, Santiago.

Santiago, que había crecido con Jesús, no veía a su hermano como el Mesías. Puede que incluso se encontrara entre los parientes y vecinos de Jesús que pensaron que había perdido la cabeza cuando comenzó su ministerio. No fue hasta después de la muerte de su hermano que Santiago cambió su forma de pensar.

Jesús resucitado se le apareció personalmente. Aunque la Biblia no describe el intercambio ni cómo reaccionó Santiago, parece que quedó convencido de que su hermano era realmente el Mesías. Se convirtió en creyente y es posible que ayudara a convencer a sus otros hermanos, que también se hicieron creyentes.

De hecho, Santiago estaba tan convencido de la identidad de Jesús que se convirtió en un líder prominente en Jerusalén. Apodado apóstol (en el sentido amplio de la palabra), Santiago fue nombrado como uno de los que «parecían pilares», lo que indica su gran apoyo a los primeros cristianos y a su labor. Santiago fue uno de los que tomaron decisiones importantes, una de las más notables fue la de intervenir en el debate sobre la circuncisión. Aparte de Pedro, el suyo es el único otro discurso registrado sobre el asunto.

Curiosamente, los libros de Gálatas y Hechos señalan que Pedro y Pablo informaron de acontecimientos importantes a Santiago, e incluso estuvo entre los ancianos que aconsejaron a Pablo cuando los rumores

---

[60] Existen numerosas versiones de cómo murió Pedro, hasta quince historias diferentes.

sobre él empezaron a aumentar. Pero no solo aconsejaba a Pablo. Una de sus mayores contribuciones al cristianismo llegó en forma de una carta conocida con su nombre. En el libro de Santiago, da consejos sobre la importancia de acercarse a Dios, la resistencia, la paciencia, el amor, la fe y el autoexamen. También advierte sobre los deseos carnales, el orgullo, la falta de palabra, las trampas de la riqueza y la corrupción, el control de la lengua, lo dudoso de la fe sin acciones que la respalden y el favoritismo.

Pero nada de su prominencia, responsabilidades o incluso el hecho de que fuera el hermano físico de Jesús (un hecho que no menciona) lo hizo ser altivo o arrogante, sino todo lo contrario. Según la tradición, se lo llamaba «Santiago el Justo», lo que demuestra el tipo de persona que era.

Aunque la Biblia no dice cómo murió, Josefo completa la historia. Mientras Judea se encontraba entre gobernadores tras la muerte de Festo en el año 62 d. C., el sumo sacerdote judío Ananías y el Sanedrín aprovecharon la oportunidad para castigar a Santiago y a otros cristianos. Se impuso la pena más dura por infringir supuestamente la ley judía: muerte por lapidación.

Santiago y Pedro no fueron los únicos que murieron por su fe cristiana. Hubo muchos, algunos de los cuales se mencionan en la historia, y otros que murieron de forma desconocida para la cristiandad moderna. Al morir los apóstoles originales y los etiquetados como apóstoles en el siglo I, algunos de sus contemporáneos escribieron obras que no se incluyeron en el canon bíblico. A estos hombres se los suele llamar «padres apostólicos», es decir, hombres que conocieron personalmente a uno de los doce apóstoles o que estaban separados de ellos por un grado, habiendo sido enseñados por discípulos que aprendieron directamente de los apóstoles[61]. Algunos consideran lo que escribieron los escritos de mayor valor histórico fuera de las Escrituras Griegas Cristianas/Nuevo Testamento.

Mientras el barco en el que el hombre fue forzado se dirigía hacia el mar, los otros hombres a bordo comenzaron a atar una cuerda alrededor de él. En el extremo de esa cuerda estaba atada un ancla, un objeto que simbolizaría para siempre al hombre atado a ella. ¿Quién era

---

[61] Los padres apostólicos vivieron entre los siglos I y II. Los hombres conocidos como "Padres de la Iglesia" vivieron entre los siglos II y V.

y cómo llegó a esa situación? Y lo que es más importante, ¿es cierta su historia?

No se sabe mucho históricamente sobre la vida de Clemente de Roma. Tertuliano e Ireneo lo citan como contemporáneo de los apóstoles, e incluso puede que fuera testigo presencial de su predicación. Algunos eruditos se preguntan si era el Clemente mencionado por Pablo en su carta a la congregación de Filipos. Sin embargo, es poco probable, ya que tradicionalmente no se lo presentaba como un gran admirador de Pablo.

Pero se cree que Clemente escribió su propia carta, la *Primera Epístola de Clemente*, a los cristianos de Corinto para ayudar a resolver una controversia sobre el liderazgo allí[62]. Después de aclararles que intentaban deponer a sus líderes, recordó a los escépticos que, aunque Jesús no había regresado cuando ellos esperaban, debían tener fe en que vendría en el futuro. La carta es una visión del estado de los corintios que no se encuentra en ninguna otra parte.

Se le atribuyen otras obras literarias de gran prestigio, como la *Segunda Epístola de Clemente*. Sin embargo, se discute hasta qué punto fue de su puño y letra. También se le atribuye históricamente la distribución de la Constitución Apostólica, un borrador que anteriormente se decía que habían escrito los apóstoles. (Ahora se cree que fue escrita hacia el 380 d. C., casi doscientos años después de la muerte del último de los apóstoles originales, y no pudo existir en vida de Clemente).

Aunque se cree que Clemente era un líder de la congregación romana a finales del siglo I, parece que era una figura popular en todas partes[63]. Eso no cambió mucho tras su muerte. A pesar de que ninguno de sus escritos está incluido en la Biblia, los cristianos de los siglos III y IV tenían en tan alta estima sus obras que las consideraban escrituras.

Según la tradición, la muerte de Clemente fue legendaria. Después de que Clemente convirtiera a cientos de personas notables, el enfadado emperador Trajano lo desterró lejos de Roma, hasta Crimea. Clemente

---

[62] Su única obra que se conserva.

[63] A veces se lo llama obispo de Roma, y algunos se refieren a él como el tercer papa. Sin embargo, los primeros cristianos no tenían una clase clerical diferenciada. Cada congregación cristiana primitiva estaba dirigida por un grupo de hombres mayores o ancianos, no por un solo hombre. No fue hasta más tarde que se utilizó el sistema jerárquico de obispos y papas.

no se amilanó y continuó su ministerio allí, realizando milagros y convirtiendo a cientos de personas al cristianismo. Trajano se enteró de las acciones de Clemente y ordenó su muerte. Por orden del emperador, Clemente fue embarcado en un navío que zarpó hacia el mar Negro. Lejos de tierra, le ataron un ancla al cuerpo y lo arrojaron por la borda, muriendo como un mártir.

A pesar de lo sensacionalista de la historia, es casi seguro que no sea cierta. Los primeros biógrafos, Eusebio y Jerónimo, nunca mencionaron nada de esto. La mayoría de las fuentes afirman que tuvo una muerte más discreta por causas naturales durante su exilio. Aunque Clemente fue santificado por la Iglesia católica e identificado a lo largo de la historia con el símbolo de un ancla, la Enciclopedia Católica señala que la primera vez que apareció la historia fue cientos de años después de su muerte.

No fue el único Clemente famoso de la historia de la cristiandad primitiva. Por la misma época vivió Clemente de Alejandría, teólogo y filósofo que contaba con Orígenes como uno de sus alumnos. No se sabe mucho de su vida personal, salvo que nació de padres paganos, probablemente se casó y se convirtió al cristianismo. Pero, ¿por qué abandonó las creencias religiosas de su nacimiento, sobre todo cuando parecía tener amplios conocimientos de mitología griega y otras creencias místicas?

Al principio de su vida, Clemente se sintió rechazado por las creencias paganas debido a lo que consideraba una escandalosa falta de moral dentro de la religión, especialmente entre los dioses griegos. Esto lo llevó a emprender un viaje para encontrar creencias con las que pudiera estar de acuerdo, recorriendo Asia Menor, Palestina, Grecia y Egipto, en busca de respuestas.

Fue en Alejandría donde Clemente encontró finalmente a su mentor en los estudios cristianos, Panteno. Clemente emprendió la batalla contra las enseñanzas gnósticas y, al igual que su mentor, basó su pensamiento y sus enseñanzas tanto en la Biblia como en la filosofía. Aunque la filosofía se había ido introduciendo en las creencias cristianas, Clemente fue el más influido por el pensamiento griego a través de las obras de Platón y los estoicos. Se dice que consolidó la unión de las creencias religiosas cristianas con los conceptos filosóficos griegos, «helenizando» el cristianismo.

Considerado el más culto y erudito de los Padres de la Iglesia de su época, el erudito Clemente propuso que había tres pasos para alcanzar la cima del conocimiento: la ciencia, la filosofía y las enseñanzas cristianas. Sus reflexiones sobre política y economía, así como sus esfuerzos por encauzar a los cristianos contemporáneos para que alinearan sus vidas con las enseñanzas evangélicas son una parte importante de su legado.

Clemente de Alejandría fue, por así decirlo, defensor del cristianismo (también conocido como apologista), polemista, escritor y misionero entre los intelectuales y los griegos. Cuando Panteno renunció a la dirección de su escuela religiosa, Clemente tomó el relevo hasta huir de la ciudad para evitar la persecución provocada por el emperador romano Severo. Su alumno más aventajado, Orígenes, se hizo cargo de la escuela.

Clemente nunca regresó a Alejandría, muriendo en Palestina a principios del siglo III. Algunas sectas cristianas declararon santo a Clemente, pero su martirio fue revocado en el siglo XV debido a sus escritos y enseñanzas a veces heréticas.

«¿Cómo puedo blasfemar de mi Rey que me ha salvado?» El hombre de ochenta y seis años que pronunció estas palabras había vivido una vida que las respaldaba. Policarpo, probablemente el último eslabón superviviente de los apóstoles, había aprendido mucho del amado apóstol Juan y de otros que conocieron a Jesús.

Nacido en Esmirna, Turquía, Policarpo creció hasta convertirse en un apreciado supervisor de la congregación de allí. Materialmente pobre, la congregación de Esmirna fue elogiada en un tiempo por ser espiritualmente rica. Policarpo ayudó a la congregación en medio de un clima de hostilidad y odio contra ellos, de prácticas paganas a su alrededor y de una acalorada presión para que adoraran a los dioses romanos.

La notable bondad de Policarpo, su generosidad, su espíritu abnegado y su amor por las Escrituras hicieron de él una figura muy querida. Por eso, cuando escribió una carta de consejo a la congregación filipense (*Epístola de Policarpo a los filipenses*), sin duda prestaron atención a sus palabras. Citando numerosas escrituras del Nuevo Testamento, muchas de ellas palabras de Pablo, Policarpo les advirtió sobre el amor al dinero y otras prácticas no aprobadas por Dios, los instó a ser celosos en hacer el bien, recordó a las esposas que amaran a sus maridos y animó a los ancianos de la congregación a tratar con compasión y misericordia a quienes estuvieran bajo su cuidado.

Eso no significaba que Policarpo no tuviera enemigos, incluidas las poderosas autoridades romanas. Casi al final de su vida, Policarpo escapó de los enemigos que querían capturarlo, pero solo por un tiempo. Cuando la policía y los jinetes lo condujeron a su escondite en la granja, no se resistió al arresto, sino que pidió rezar antes de que se lo llevaran. Se dice que su fe y su comportamiento hicieron que los agentes que lo detuvieron se arrepintieran de lo que tenían que hacer.

Cuando pronunció las palabras antes citadas, se encontraba en medio de una arena frente al gobernador romano Estacio Cuadrato, rodeado por una turba hostil que pedía su vida. ¿Su delito? Negarse a adorar a sus dioses y disuadir a otros de hacerlo también. Irónicamente, lo llamaban impío por aferrarse a sus creencias cristianas. El gobernador se dirigió a Policarpo con un ultimátum: reconocer al «genio» del César y anunciar «fuera ateos» o pagar con su vida. Mirando a la multitud pagana, pronunció las palabras con convicción, aunque con un significado diferente del que César tenía en mente. El gobernador, sin embargo, no quedó satisfecho. Presionando aún más al anciano, le instó a jurar que renunciaba a su fe. El anciano se mantuvo firme en su determinación, pronunciando sus famosas palabras.

Tras la continua negativa de Policarpo a cumplir las exigencias del gobernador, se hicieron los preparativos para su ejecución. La multitud recogió leña y, aunque era sábado, los judíos hostiles del estadio se mostraron muy dispuestos a ayudar. Se amontonó leña en la hoguera y se dispuso la muerte por fuego. Supuestos testigos presenciales afirman que, antes de morir, Policarpo trató de impedir cualquier tipo de culto o reverencia a su cuerpo tras la muerte. Sin embargo, los que reclamaban sus restos consideraban sus huesos «más preciosos que las joyas o el oro».

Un legado vivo que dejó Policarpo fue su alumno y compañero de Esmirna, Ireneo. Aunque no se sabe mucho de la vida personal de Ireneo más allá de su educación cristiana en la costa del Egeo, dejó un poderoso testimonio de la exactitud de los cuatro Evangelios.

Durante la vida de Ireneo se desarrollaron el Nuevo y el Antiguo Testamento. No todos estaban de acuerdo con qué libros debían estar en el canon, principalmente porque muchas obras afirmaban que debían incluirse como escrituras. Pero a pocas generaciones de distancia de

Jesús y los apóstoles, Ireneo puso una fe inquebrantable en la exactitud y la naturaleza divina de los Evangelios, afirmando que los cuatro fueron realmente escritos por los hombres que llevan sus nombres. Por ello, atestiguó que pertenecían al canon bíblico.

Pero no solo los Evangelios le parecían esenciales para la fe. Ireneo enfatizó la importancia de muchas de las enseñanzas de Pablo (concretamente sus cartas), especialmente en lo referente a la salvación. Más que eso, creía en la validez de las Escrituras Hebreas/Antiguo Testamento y promovía la importancia de las dos partes de la Biblia.

Los gnósticos, en cambio, no creían en las Escrituras hebreas. La obra más conocida de Ireneo, *Contra las herejías*, fue una demolición dirigida del pensamiento gnóstico. No creía en su idea de un conocimiento especial. En cambio, proclamó firmemente la salvación a través del conocimiento real de Cristo. Utilizó las escrituras para exponer sus falsas doctrinas y mostrar que lo que enseñaban no tenía ningún mérito según el canon bíblico.

En algún momento, Ireneo se trasladó a Lyon (en la actual Francia). Escapó por poco de una intensa persecución y de una probable muerte cuando el emperador Marco Aurelio sancionó la matanza masiva de cristianos en su ciudad. Gracias a una carta que escribió y entregó personalmente a Roma, Ireneo estaba fuera de la ciudad cuando las cosas se complicaron. Sin embargo, muchos en Lyon no escaparon a la persecución. Así que, cuando regresó, se le dio una posición de liderazgo en la congregación de allí. Aunque sin duda ocupado con estas tareas, nunca dejó de combatir a los gnósticos y otros grupos heréticos, continuando escribiendo *Pruebas de la predicación apostólica* y otras obras.

No existen pruebas sobre la realidad de la muerte de Ireneo, solo leyendas. En el siglo VI, Gregorio de Tours habló de su muerte durante la persecución, junto a muchos otros conversos. Tal vez por ello, pasó a la historia como un mártir, pero la verdad real de su muerte sigue siendo tan misteriosa como su vida personal.

Sin embargo, la muerte de Ireneo no fue el final de su legado. Influyó enormemente en la siguiente generación, que incluyó nombres famosos como Tertuliano e Hipólito.

Hipólito, líder de la congregación de Roma en torno a 199-217 d. C., fue un escritor muy ocupado, en parte porque tenía mucho sobre lo que escribir. Asqueado por las enseñanzas heréticas y paganas que se introducían en la doctrina cristiana, escribió una extensa obra titulada *Refutación de todas las herejías,* una compilación de diez libros. Escribió sobre Cristo, el Anticristo, las profecías de Daniel y la ley eclesiástica. Sus *Tradiciones apostólicas* ofrecen una visión profunda de los ritos que se utilizaban en Roma durante su época. Pero la parte más famosa de ese amplio corpus de obras, *Philosophumena,* cuestionaba las enseñanzas sobre la Trinidad.

A pesar de su estrecha relación con Roma, la actitud de Hipólito hacia la Iglesia ya se había agriado por su desacuerdo con las enseñanzas sobre la Trinidad. Se agrió aún más cuando fue rechazado para el liderazgo en favor de Calixto. Su desacuerdo con el líder romano alcanzó nuevas cotas cuando se escandalizó por la decisión de Calixto de perdonar pecados graves como el adulterio. Ofendido su alto sentido moral, Hipólito se separó de Roma y se convirtió en el líder de un grupo disidente. Se abrió un cisma en Roma, dos líderes enfrentados. Este movimiento hizo que pasara a la historia como el primer «antipapa».

La muerte de Hipólito también fue objeto de leyendas. El poeta romano Prudencio estableció un paralelismo entre el Hipólito del siglo II y el Hipólito mitológico, hijo del griego Teseo, que murió arrastrado por caballos salvajes[64]. Prudencio afirma que el Hipólito histórico sufrió la misma muerte espantosa que un mártir. Aunque es más probable que muriera obligado a realizar trabajos forzados en una mina, Hipólito sigue estando asociado a los caballos en la época moderna.

La otra persona altamente influenciada por Ireneo fue Tertuliano, un prolífico historiador del cristianismo en su época. También fue uno de los escritores cristianos más conocidos y mordaces de la historia. Sus comentarios ingeniosos pero mordaces y sus afirmaciones a menudo paradójicas hacían que la gente dijera que era «incapaz de ser aburrido».

Tertuliano, hijo muy culto de un centurión romano, era uno de los mejores abogados de Roma. Cuando se convirtió al cristianismo en 193 d. C., se dedicó a un nuevo tipo de defensa: defender sus creencias espirituales. Nadie conoce las circunstancias de su conversión, pero al parecer los cristianos que morían por su fe atrajeron su atención. Sin embargo, no tardó en desencantarse de la versión del cristianismo que veía a su alrededor. El mal estado espiritual que presenció le hizo abandonar su congregación original y huir al montanismo, una secta muy

---

[64] *Hippolytus* en griego significa «caballo suelto».

devota de las profecías y los estilos de vida estrictos y sin florituras.

Muchos de los argumentos, observaciones y pensamientos lógicos de Tertuliano se siguen citando hoy en día, uno de los cuales es «Los que huyen viven para luchar otro día». Aunque se lo considera un genio brillante, Tertuliano también hizo algunas afirmaciones extrañas, como: «Dios es grande cuando es pequeño», «El Hijo de Dios murió: es *inmediatamente* creíble —porque es una tontería», y «[Jesús] fue enterrado y resucitó; el hecho es cierto —porque es imposible».

Nadie estaba a salvo de la mordaz pluma de Tertuliano. En una ocasión, llamó a una mujer «la puerta del diablo». De los que mezclaban creencias seculares con el cristianismo, preguntó: «¿Qué tiene que ver Atenas con Jerusalén?». A los cristianos que asistían a espectáculos paganos, les dijo: «Qué monstruoso es pasar de la iglesia de Dios a la del diablo, del cielo a la pocilga». Y respecto a las personas egocéntricas, dijo: «Quien vive solo para beneficiarse a sí mismo, confiere al mundo un beneficio cuando muere». No dejó de lado a los paganos, burlándose de ellos y de sus sacrificios rituales.

Fue en este contexto de vilipendio de los cristianos mediante razonamientos supersticiosos e irracionales cuando Tertuliano salió en su defensa con su famosa *Apología*. En esta obra literaria, señala con estilo e ironía:

> «[Los opositores] consideran que los cristianos son la causa de todas las calamidades públicas y de todas las desgracias del pueblo... Si el Nilo no sube a los campos, si el tiempo no cambia, si hay un terremoto, una hambruna, una plaga... enseguida se oye el grito: "¡Echad a los cristianos al león!"».

Intentó demostrar que los cristianos eran ciudadanos buenos y respetuosos con la ley, y que cuando eran ejecutados por su fe, era una pérdida para el mundo. También señaló que, aunque a menudo se consideraba a los cristianos traidores contra el Estado, cuando se produjeron varios intentos de golpe de Estado, los cristianos no se encontraban en ninguna parte entre los traidores.

Pero los escritos de Tertuliano iban más allá de una crítica mordaz de lo que ocurría en la época. Su intención era defender la doctrina de la Iglesia, pero al final, en ocasiones la corrompió. Aunque condenaba a los cristianos por adoptar los conceptos y la filosofía griega, las «doctrinas de hombres y demonios», las utilizaba cuando le convenía.

Durante su época, la relación entre Dios y Jesús se había vuelto confusa, sobre todo entre los griegos, antes politeístas, que no comprendían el concepto de un único Dios Todopoderoso y a Jesús como Mesías. Cuando el teólogo Práxeas ofreció una explicación, Tertuliano se lanzó a contrarrestar la enseñanza de Práxeas[65] con su ensayo *Contra Práxeas*. Considerando a Práxeas un corruptor del diablo, Tertuliano utilizó las escrituras para razonar que Dios y Jesús eran seres separados. Sin embargo, más tarde, en el verdadero estilo paradójico de Tertuliano, presentó la idea de que Dios, Jesús y el Espíritu Santo eran tres seres distintos que existían como una divinidad que «no podía ser dividida». Esta teoría, considerada por algunos como una de sus mayores contribuciones a la cristiandad, sentó las bases de la doctrina de la Trinidad debatida posteriormente en el Concilio de Nicea del siglo IV.

A diferencia de otros teólogos, Tertuliano vivió hasta una edad avanzada y murió en el año 225 d. C. Los detalles de su muerte parecen haberse perdido para la historia, pero gran parte de su obra ha perdurado durante casi 1.800 años.

Famosos escritores moralistas como Jerónimo y Justino Mártir predicaron el valor de llevar una vida ética, pero tras su muerte, un hombre llevó las cosas a un nuevo nivel. Nacido a mediados del siglo III en Turquía, Basilio el Grande era uno de los diez hijos de una familia numerosa, rica y religiosa. Se podría pensar que con un apodo como «grande» destacaba en casa, pero había competencia por ver quién era el más piadoso de la familia. Sus padres, su abuela, dos de sus hermanas y dos de sus hermanos fueron declarados santos por la Iglesia.

La vida de Basilio no siempre fue de estricta piedad: fue profesor y abogado. Pero tras conocer a un monje, Eustaquio de Sebaste, las cosas dieron un giro radical para Basilio. Al darse cuenta de que necesitaba dedicarse plenamente a Dios, escribió que había «perdido mucho tiempo en locuras y gastado casi toda (su) juventud en vanos trabajos». Tras el encuentro, sintió que se le abrían los ojos, proclamando: «De repente, desperté como de un sueño profundo. Contemplé la maravillosa luz de la verdad evangélica y reconocí la nada de la sabiduría de los príncipes de este mundo».

---

[65] Su enseñanza era conocida como Modalismo, que básicamente enseñaba que Dios era diferentes versiones de sí mismo en diferentes momentos —el Padre como creador, el salvador como Jesús, y el Espíritu Santo después de la ascensión de Jesús al cielo.

Decidido a adoptar una vida de extrema piedad, Basilio fue aprendiz de famosos monjes ermitaños. Pero, a diferencia de ellos, no renunció por completo a la vida secular. Abrió una escuela en Cesarea y volvió a ejercer la abogacía. Aun así, seguía entregado a su vida austera. No se limitó a escribir sobre la oración y la vida comunitaria monástica, sino que ayudó a establecer sus directrices[66, 67]. También formó y vivió en una comunidad monástica que incluía a algunos miembros de su familia. Por ello, Basilio fue apodado uno de los padres del monacato comunitario. Sin embargo, la extrema austeridad de la vida monástica no sentó bien a Basilio, así que se puso manos a la obra para reformar las reglas de la vida en el monasterio. En lugar de establecer normas más estrictas, Basilio las moderó, suavizando la austeridad y abogando por un enfoque más equilibrado.

Basilio fue considerado un reformador. Conocido por ayudar a los pobres, también escribió un sermón sobre cómo atender las necesidades físicas de los demás como si fueran propias. Pero no solo escribió sermones. Su extensa obra abarca el equilibrio entre la vida laboral y personal, la riqueza material, la doctrina, la moral, la oración y observaciones sobre la naturaleza, por nombrar solo algunos temas.

Pero quizá la contribución más famosa de Basilio fue su apoyo a la doctrina de la Trinidad, tal como se recoge en el Credo de Nicea. En aquella época, la doctrina en torno a la Trinidad era objeto de encarnizados debates. Sin embargo, su gran influencia en las esferas religiosa y política tenía mucho peso para su lado de la cuestión. Aun así, el debate se prolongó durante años. (El Credo de Nicea se modificó varias veces a lo largo de los siglos). Pero Basilio no vivió para ver el resultado final. Irónicamente, su estilo de vida excesivamente ascético aceleró su muerte, junto con una enfermedad hepática.

Muchos, muchos hombres cambiaron, reformaron y remodelaron el cristianismo tras la muerte de los apóstoles y durante los tres primeros siglos. El espacio no nos permite mencionarlos a todos, pero la influencia colectiva de estos hombres se percibe en toda la cristiandad actual.

---

[66] Relativo a los monjes, monjas y personas que hicieron votos religiosos. Al principio, muchos vivían como ermitaños, pero más tarde formaron comunidades y construyeron monasterios.

[67] Su liturgia, *La divina liturgia de Basilio el Grande*, se sigue utilizando en las iglesias católicas y ortodoxas orientales en los días festivos.

Sin embargo, no solo los hombres fueron devotos en su fe o dejaron su huella en la historia. Muchas mujeres de la Biblia y de los primeros siglos también han dejado sus historias. ¿Quiénes fueron estas mujeres y cómo pasaron a la historia?

Capítulo 9: Mujeres del cristianismo

«Saludos, muy favorecida». Cómo debieron sobresaltar a la muchacha judía soltera esas palabras de un desconocido[68]. Pero así saludó el ángel Gabriel a María, quizá la mujer más conocida de la historia cristiana. Gabriel estaba a punto de darle la noticia más impactante, una noticia que cambiaría la vida de María, de su prometido José y del mundo. También le otorgaría la distinción más singular de la historia.

Sin embargo, los Evangelios no dan muchos detalles sobre María, sobre todo durante el ministerio de Jesús. A pesar de que tradicionalmente se la conoce como la Virgen María, la madre de Jesús vivió una vida bastante normal después de su nacimiento. Era costumbre que las parejas judías tuvieran familias numerosas, y María y José no fueron una excepción. Los cuatro Evangelios y el libro de los Hechos aluden a ello (llamando a Jesús primogénito de María) o hablan directamente de los otros hijos de María. Marcos menciona a cuatro hijos por su nombre y también a sus hermanas. María debió de pasar gran parte de su vida como esposa y madre ocupada. Permaneció en Nazaret durante la vida de Jesús, probablemente incapaz de viajar con su hijo mientras él y sus discípulos difundían el mensaje divino.

---

[68] Los historiadores especulan con que entonces tenía unos 15 o 16 años, pero no hay registros históricos que confirmen su edad.

Lamentablemente, pasó muchos años de su vida sin su marido. La última vez que se menciona a José es bastante pronto en la vida de Jesús, cuando solo tenía doce años. Aunque los Evangelios nunca mencionan qué fue de José, se supone que María enviudó en algún momento de la vida de Jesús. Cuando ayuda en las bodas de Caná, se desconoce el paradero de José. Justo antes de morir, Jesús le dice a Juan, su apóstol y amigo íntimo, que se ocupe de su madre[69]. ¿Habría necesitado hacer eso si José estuviera vivo? Es poco probable.

María no estaba al abrigo de la pérdida y las dificultades, al perder a su marido y luego ver a su hijo primogénito morir de forma agonizante y cruel como un presunto criminal. Es difícil imaginar la profundidad de ese tipo de dolor. Pero después de la muerte de Jesús, no se sabe mucho de lo que le ocurrió a María.

Aunque obviamente había sido una judía muy fiel, es evidente que María escuchó y aceptó el mensaje de su hijo. En los Hechos de los Apóstoles se la menciona reunida con los apóstoles en Jerusalén en torno a Pentecostés del año 33 e. c. junto con sus hijos, que también se convirtieron en creyentes tras la muerte de su hermano. En este contexto, parece que estaba en la base de la primera congregación cristiana justo cuando se estaba formando. Sin embargo, esta es la última vez que se menciona a María en las Escrituras.

Los detalles de cómo pasó sus últimos años, y cómo y cuándo murió no aparecen en ningún relato bíblico, y hay muy pocos registros históricos que digan lo que pasó. Los relatos apócrifos, como el de Hipólito de Tebas en el siglo VII/ VIII, dicen que no vivió mucho tiempo después de la muerte de Jesús, y diversos informes sitúan su muerte entre los años 41-48 d. C. El lugar de su muerte es también un gran interrogante. Algunos eruditos creen que murió en Jerusalén, mientras que otras tradiciones eclesiásticas sostienen que se trasladó a Éfeso (Turquía) y murió allí en su casa.

Por muy importante que fuera el papel de María en el cristianismo primitivo, no fue la única María en la vida de Jesús. María Magdalena estuvo junto a la madre de Jesús en su crucifixión, prestando apoyo a sus queridos amigos en un momento tan trágico. Aunque fiel creyente en

---

[69] Antes de su muerte, los hermanos de Jesús aún no habían aceptado sus enseñanzas. Es probable que Jesús quisiera confiar a su madre a alguien que compartiera su fe en él como Mesías y cuidara de ella espiritualmente.

Jesús y amiga íntima de la familia, María ha pasado a la historia por un motivo más infame: su supuesta profesión de prostituta. Pero, ¿lo era?

Lucas 7 habla de una mujer «pecadora» (se creía que era prostituta) que un día se enteró de dónde cenaba Jesús y entró en su casa para verlo. Conmovida por su compasión y misericordia, le untó los pies con un aceite perfumado muy caro. Llorando, sus lágrimas cayeron sobre sus pies y se mezclaron con el aceite. En un gesto muy cariñoso, utilizó sus propios cabellos para secarse las lágrimas y el aceite sobrante. Nada en la Biblia indica con certeza quién es esa mujer, pero Orígenes y otros escritores cristianos primitivos no la identificaron como María Magdalena. Siglos después de la muerte de María Magdalena, un prominente clérigo afirmó que ella era la pecadora de este relato. Sin embargo, era conocida entre los discípulos por un motivo diferente, relacionado con demonios.

Lucas menciona que había sido afligida no por uno o dos, sino por *siete* demonios. Jesús había sido quien la liberó de su posesión y de una vida de torturada miseria. No es sorprendente, entonces, que ella mostrara su fe y aprecio por lo que él hizo apoyándolo a él y a los discípulos mientras viajaban y predicaban.

El apóstol Juan menciona un privilegio especial de María. Cuenta que, mientras lloraba ante la tumba vacía de Jesús, se le acercaron dos ángeles que le preguntaron por qué lloraba. Después de decirles que estaba afligida porque el cuerpo de Jesús había desaparecido, se volvió y vio a otro hombre de pie detrás de ella. Pensando que era el jardinero, le preguntó si sabía dónde estaría el cuerpo de Jesús. El desconocido la llamó por su nombre, y la voz le resultó familiar. La luz de la comprensión la golpeó: el hombre no era un jardinero, sino Jesús mismo. María Magdalena fue la primera persona a la que se apareció Jesús resucitado después de su muerte, incluso antes que a los apóstoles. Durante su breve interacción, María, que literalmente se aferró a Jesús por temor a que fuera elevado al cielo en ese mismo momento, fue la encargada de decir a los apóstoles y discípulos que había resucitado. Por eso, algunas iglesias la han apodado «apóstol de los apóstoles».

A lo largo de los siglos han circulado muchos rumores en torno a María Magdalena, algunos de los cuales la han llevado a la infamia. Un libro apócrifo afirma que hubo tensiones entre María y los apóstoles, en particular Pedro, debido a los celos por una visión. Pero quizá una de las afirmaciones más controvertidas es que estuvo casada en secreto con

Jesús. Por fascinante que pueda ser un romance secreto, no hay pruebas que lo respalden. María Magdalena acompañó y apoyó a Jesús y a los discípulos durante su ministerio, pero no fue la única. Varias otras mujeres son mencionadas por sus papeles de apoyo. Algunas de ellas se casaron, pero ninguna es mencionada como su esposa, incluida María.

Pero ese no es el único rumor que rodea la vida amorosa de María, ni fue Jesús el único hombre con el que se la ha relacionado en la leyenda. La leyenda medieval la sitúa como esposa del apóstol Juan, posiblemente basándose en algunas tradiciones eclesiásticas que dicen que lo acompañó a Éfeso, donde murió más tarde. Los franceses podrían discutirlo. Según su tradición, fue a predicar a Provenza, en el sur de Francia, y murió allí después de vivir treinta años en una cueva de la montaña.

Pero hubo otra María que estuvo cerca de Jesús. Con el rostro bañado en lágrimas, en su estado de dolor, cayó a los pies de Jesús y declaró: «Señor, si hubieras estado aquí, mi hermano no habría muerto». Unos días antes, ella y su hermana Marta habían avisado a Jesús de que su hermano Lázaro, su íntimo amigo, estaba muy enfermo. Sin embargo, Jesús no llegó hasta ellas hasta pasados unos días, y para entonces, las hermanas estaban de luto por la muerte de su querido hermano. Su dolor era tan intenso que el propio Jesús se puso a llorar con ellas. Sin embargo, pocos minutos después, María y Marta consiguieron que su hermano Lázaro les fuera devuelto gracias a un milagro.

Era obvio, por las declaraciones de María y Marta durante este incidente, que tenían una tremenda fe en Jesús. Pero era más que eso. María y sus hermanos eran amigos íntimos de Jesús, y a menudo lo recibían en su casa. Una de esas visitas fue registrada en la Biblia, ofreciendo un atisbo de la personalidad de ambas hermanas.

Marta era muy hospitalaria y se preocupaba por las necesidades de sus invitados, según la tradición de las buenas anfitrionas de su cultura. Sin que nadie la ayudara, corría por la casa haciendo la comida y preparando todo para sus invitados. Se detuvo, molesta, cuando vio a su hermana sentada a los pies de Jesús, escuchándolo. Frustrada, se quejó a Jesús de la falta de ayuda de su hermana. Jesús, sin embargo, le aseguró que ella no tenía que preparar frenéticamente un montón de platos y que María había tomado la decisión más sabia al escucharle enseñar.

La «pecadora» o prostituta no fue la única a la que se menciona poniendo aceite perfumado sobre Jesús. En otra ocasión, María también lo hizo. Tomó un nardo perfumado muy caro, que costaba aproximadamente el salario de un año, y lo derramó sobre la cabeza y los pies de Jesús. Esto demuestra que su familia era probablemente algo acomodada y que valoraban a Jesús y las cosas con significado espiritual más que las posesiones materiales. Es más, tenían una vida rica en buenos amigos y estrechos lazos familiares.

La historia de las mujeres en el cristianismo no se limita a los Evangelios. Priscila trabajó duro. Refugiados de la persecución del emperador Claudio hacia el año 40 d. C. en Roma, ella y su marido Aquila huyeron a Corinto[70]. Estando allí, el apóstol Pablo las llamó sus «compañeras de trabajo en Cristo». Pero para él eran más que eso. A veces, todos trabajaban juntos, haciendo tiendas para mantenerse a sí mismos y a su ministerio.

Cuando Pablo fue a Éfeso, Priscila y Aquila fueron con él. Allí, Priscila demostró tener una fe sólida como una roca. Tanto ella como Aquila son señalados por ayudar a corregir y explicar «el camino de Dios» a un hombre bien versado llamado Apolos.

Priscila demostró que la valentía no era solo un rasgo de su marido y que ser cristiano (especialmente asociado a una figura controvertida como Pablo) era arriesgado. En su carta a los Romanos, Pablo menciona que ambos «arriesgaron el pellejo» por él. ¿Salvaron su vida de alguna manera? No se dan detalles sobre lo que pudo ocurrir, pero fue algo lo bastante importante como para que congregaciones de distintos países les estuvieran agradecidas por ello. A pesar de los riesgos que corrieron, al final no pudieron salvar a Pablo. Sin embargo, mantuvieron una amistad con él hasta su muerte, una amistad que él apreciaba mucho.

Priscila aparece mencionada seis veces en la Biblia, siempre junto a Aquila. Probablemente, tenían un fuerte vínculo, ya que trabajaban y rendían culto juntos. Según la tradición, ambos murieron juntos como mártires, aunque puede que se trate de una noción romántica de lo sucedido. Los primeros historiadores solo mencionan a Aquila como ejecutado por su fe, mientras que el destino final de Priscila es un misterio de la historia.

En los Evangelios, el libro de los Hechos y las epístolas se menciona a muchas mujeres: más Marías, la samaritana del pozo, Juana, Susana,

---

[70] La orden imperial obligaba a los judíos a abandonar Roma. Aunque se habían convertido al cristianismo, como judíos de nacimiento, la orden seguía vigente.

Lidia, Tabita y otras. Se podría escribir un libro entero sobre las mujeres que estuvieron en la base del cristianismo, pero algunas de las historias más épicas de martirio están protagonizadas por mujeres cristianas posteriores.

Catalina de Alejandría es una de las veneradas y santas por algunas iglesias. Según relatos legendarios, la noble e inteligente Catalina se enfrentó al emperador Maximino por su violenta persecución de los cristianos. No se detuvo ahí. Catalina también señaló lo malo que era adorar a los falsos dioses que los romanos apreciaban. Incapaz de combatir su astucia por sí solo, el emperador llamó a eruditos y filósofos para que debatieran con la joven. Sin embargo, también ellos quedaron perplejos ante su ingenioso e inteligente razonamiento. Tan convincente era su discurso que varios de los que acudieron a debatir con ella se convirtieron al cristianismo en el acto. Esas conversiones instantáneas provocaron sus muertes instantáneas.

En cuanto a Catalina, el emperador, enfurecido, la mandó azotar y encarcelar. Su emperatriz, Valeria, sintió curiosidad por Catalina y la visitó en prisión. Ella y su séquito de 200 personas también se sintieron atraídas por Catalina y se bautizaron. Sin embargo, pertenecer a la casa del emperador no les salvó de la espada, y también fueron asesinados por su fe.

Harto de ella, Maximino ordenó que Catalina fuera ejecutada en una rueda de pinchos, un terrible instrumento de tortura. Pero cuando la acercaron a la rueda y la tocó, el artefacto se hizo polvo. Furioso, el emperador la decapitó y murió mártir.

A pesar de lo fascinante de la historia, no formó parte del canon cristiano primitivo. No se escribió nada sobre ella antes del siglo IX, y muchos eruditos dudan de que fuera una persona real. Si lo fue, se cree que su historia es más ficción que realidad. Sin embargo, existe la posibilidad de que su historia esté basada en una persona real. Algunos eruditos creen que su historia se hace eco de la de la doncella Dorotea de Alejandría; otros piensan que se basó en la filósofa griega Hipatia. En la década de 300, Eusebio también escribió sobre una joven llamada por el emperador para ser su amante. Al negarse, fue despojada de todas sus riquezas y desterrada. Pero Eusebio nunca mencionó su nombre, por lo que no se sabe con certeza si fue la base de la historia de Catalina.

Santa Catalina de Alejandría, 1598-99
Caravaggio, CC0, vía Wikimedia Commons;
https://commons.wikimedia.org/wiki/File:Caravaggio_-_Saint_Catherine_of_Alexandria_(post-restoration_image).jpg

La historia de Catalina no es la única que ha pasado a los anales de la historia cristiana. Bárbara (conocida como la Gran Mártir en algunas iglesias) e Inés de Roma también eran jóvenes vírgenes que, según se decía, se enfrentarían a muertes horribles a menos que renunciaran a su fe.

Se dice que la leyenda de «la princesa en la torre» de la bella Bárbara comenzó en Nicomedia, Turquía, en el siglo IV. Su padre pagano, un hombre rico y prominente, sentía unos celos paternales extremos por su amada hija. Preocupado por su virginidad, la recluyó en una torre para que su belleza no la tentara ni a ella ni a ningún hombre a violar su castidad. Aunque estaba apartada del mundo exterior, su padre la colmaba de lujos para que no le faltara nada material.

Sentada en su prisión dorada, contemplaba las enseñanzas evangélicas que le habían llegado a través de su tutor. Cuanto más aprendía y meditaba sobre la belleza del mundo natural que había tras su ventana, más convencida estaba de que lo que le habían enseñado era cierto.

Sin embargo, esto no le gustó a su padre. A su regreso de un viaje al extranjero, Bárbara le dio la noticia: se había convertido al cristianismo. Enfurecido, le exigió que renunciara a su fe.

Ante su negativa, la persecución no se hizo esperar. Su padre empezó a maltratarla con la esperanza de presionarla para que se retractara, pero todo fue en vano. Bárbara se mantuvo firme en su postura, incluso ante la tortura y la muerte.

Al ver que no llegaba a ninguna parte, el padre de Bárbara la entregó al gobernador, siendo su único delito su fe. A pesar de ser sometida a tormentos físicos extremos, se decía que Bárbara contaba con cierta ayuda de lo alto. El fuego de las antorchas no podía acercarse a su piel sin apagarse milagrosamente, y los ángeles curaban sus heridas cada noche.

Tras soportar crueles torturas, Barbara fue condenada a muerte: decapitación. Y lo que es peor, la ejecutó su propio padre, que prefería que muriera antes que ser cristiana.

Estatua de Bárbara
https://www.metmuseum.org/art/collection/search/470617

Hay varias versiones de la historia, una de ellas sobre la traición de un pastor que fue convertido en estatua de mármol por su traición. En otra versión, cuando su padre la coge del pelo y levanta la espada para asestarle el golpe mortal, la larga cabellera de Bárbara estalla en llamas. Su padre sobrevive a la combustión espontánea, pero no puede escapar al castigo por matar a su hija. Es alcanzado por un rayo y consumido por las llamas de camino a casa.

No se encuentra ninguna versión de su historia anterior al siglo VII, pero unos siglos más tarde comenzó a ser venerada como santa, invocada como protección contra los rayos. A pesar de ser venerada por algunos en tiempos modernos, la ausencia de Catalina en los escritos auténticos de los primeros cristianos plantea serias dudas sobre su existencia, y algunas iglesias la han eliminado de su lista de santos. Sin embargo, su historia la ha convertido en una figura popular en muchas iglesias.

También está Inés, otra belleza y quizá la más joven de las mujeres legendarias. Con solo doce años en el 304 d. C., cuando la leyenda cuenta que fue martirizada, Inés se convirtió en un símbolo de pureza y castidad. Durante su corta vida, el cristianismo fue declarado culto por el Imperio romano y, como ocurría con otros, ser descubierta significaba la muerte, incluso si se era muy joven.

Según una versión, la noble Inés conoció los Evangelios gracias a su niñera, a pesar de que sus padres eran paganos. Como no le faltaban pretendientes ricos y jóvenes, Inés atrajo especialmente la atención del hijo del gobernador. A pesar de colmarla de joyas preciosas, no pudo conquistarla, ya que ella declaró que «ya era la esposa de un Amante mucho más noble y poderoso que [él]».

No tomándose bien el rechazo, el joven dio media vuelta y le dijo a su padre que Inés era cristiana. Cuando la llevaron para interrogarla, ella admitió que era cierto. Fue enviada al templo de Vesta, la diosa virgen romana. Ordenada a convertirse en virgen vestal del templo o, al menos, a ofrecer un sacrificio, Inés rechazó cualquier tipo de culto pagano. Como, según la ley romana, las vírgenes no podían ser ejecutadas, el juez le ordenó un destino más humillante. La castigaron desnudándola y llevándola a un burdel. En el burdel había muchos curiosos, todos tan asombrados por su presencia pura que se negaron a tocarla, excepto un joven romano bastante atrevido. Este se atrevió a intentar violarla y, por sus esfuerzos, quedó ciego a causa de las fuentes divinas.

Sin embargo, su final fue el mismo que el de muchos de sus compañeros de fe. En algunas versiones, es ejecutada durante una oleada de persecuciones del emperador Diocleciano. En otra versión, más chocante, es declarada bruja y quemada en la hoguera. Desnuda, es atada ante los espectadores. Para proteger su pudor, su cabello crece milagrosamente hasta cubrir su cuerpo. Cuando la leña se niega a arder, un oficial le asesta el golpe mortal, apuñalándola brutalmente o decapitándola. La espantosa muerte de una mujer tan joven resultó chocante incluso para los paganos, sedientos de sangre, y supuestamente despertó cierta simpatía hacia los cristianos.

Desde el siglo IV, se han dedicado muchas costumbres, tradiciones y santuarios a Inés. Su historia ha cambiado a lo largo de los siglos. En algunos casos, los detalles de su vida se limitan a su edad y al hecho de que fue ejecutada. Sin embargo, a mediados del siglo IV, en la versión narrada por el papa Damasco I, Inés se presenta inmediatamente como cristiana cuando se promulga el edicto imperial contra los cristianos. Describiéndola como valiente y modesta, el relato dice que utilizó su larga cabellera para cubrir su cuerpo en el momento de su muerte.

Su legendaria modestia y castidad hicieron que fuera honrada como santa y patrona de las vírgenes, las jóvenes, los novios y las víctimas de agresiones sexuales. Tanto la Iglesia católica como la ortodoxa la honran hasta hoy.

Independientemente de que estas historias sean producto de leyendas o estén autentificadas, no es un mito que las mujeres sufrieran persecución por su fe junto con sus hermanos cristianos. Pero, ¿qué motivó al Imperio romano a perseguir y ejecutar a personas de una fe basada en el amor y la paz?

Inés antes de su martirio. Pintura de Jusepe de Ribera, 1641
https://www.wikiart.org/en/jusepe-de-ribera/st-agnes-in-prison-1641

Capítulo 10: Persecuciones

El culto pagano, la guerra y el patriotismo, el entretenimiento violento y sensacionalista: estas eran las cosas que envolvían la vida de muchos romanos. Eran fomentadas, si no casi obligatorias, en todo el Imperio romano. A los romanos no les importaba especialmente qué religión practicara cada uno. De hecho, rara vez perseguían a alguien por su religión. No les importaba mientras todos siguieran la corriente cultural, por así decirlo, cumpliendo con el servicio militar y sacrificando a los dioses, incluido el emperador. Una pizca de incienso bastaba para sobrevivir, pero los cristianos se negaban a renunciar a sus creencias. Esto los hizo diferentes y los puso en el punto de mira.

Los cristianos no solo se diferenciaban por su negativa a rendir culto a los antepasados, al emperador y a los dioses del imperio. Hablaban activamente en contra de las creencias paganas y enseñaban algo que contrastaba fuertemente con lo que los romanos apreciaban. Los cristianos se mantuvieron firmes en estas áreas y en su comportamiento general, favoreciendo la paz y el amor. Rechazaban el servicio militar y condenaban la depravación de los espectáculos romanos en los coliseos y anfiteatros.

En general, la persecución de los cristianos no era nada nuevo. Juan el Bautista sufrió la decapitación por enfrentarse a Herodes, y Jesús dijo que era solo el principio. Pablo también sabía un par de cosas sobre la persecución. Si bien la persecución de los cristianos en los territorios romanos nunca se extendió por todo el imperio, algunos de los focos de persecución que se produjeron fueron intensos y aterradores. A partir del año 64 d. C., Nerón incrementó la brutalidad a nuevos niveles, y su impacto sobre los cristianos fue profundo.

Nerón

Después de que la ciudad de Roma ardiera ese año, la agitación y el malestar asolaron aún más el imperio[71]. Muchos simplifican la explicación de la persecución de los cristianos por Nerón, reduciéndola a la necesidad de un chivo expiatorio para el desastroso incendio. Pero, en realidad, fue algo más complejo.

Había mucho malestar en el reino de Nerón y, a sus ojos, los cristianos representaban otra amenaza para el orden establecido. La sociedad romana tenía sus jerarquías, pero aquí llegaban los cristianos predicando que Dios no se parcializaba en función del estatus o la procedencia, y ellos tampoco. Reconocían la autoridad de Dios por encima de todo, rechazando la idea de los dioses romanos y la divinidad del emperador. Los cristianos promovían la idea de que todos los seres humanos eran iguales a los ojos de Dios, una idea nada atractiva para alguien que se consideraba por encima de los demás.

Aunque los cristianos eran en general pacíficos y respetuosos con la ley, para un gobernante que ya desconfiaba de ellos, la ideología y el rápido crecimiento del movimiento podrían haber hecho saltar las alarmas sobre otra posible rebelión en sus manos. Especialmente preocupante para Nerón era que algunos de los cristianos recién bautizados ocupaban puestos de autoridad y/o tenían una influencia considerable entre sus comunidades. En su opinión, esto aumentaba la amenaza.

Según el historiador Tácito, los cristianos se enfrentaban a ejecuciones masivas por lo que Nerón y la sociedad romana calificaban de «odio a la raza humana». Como tales, merecían muertes horribles que, en muchos casos, se convirtieron en una cuestión de deporte.

La reacción de Nerón ante esta amenaza percibida fue absolutamente brutal y humillantemente pública. Organizó espectáculos en los que multitudes hambrientas de sangre se reunían para ver a los cristianos cubiertos con pieles de animales y perseguidos por perros feroces o despedazados por animales salvajes. Algunos eran crucificados de la forma habitual en que los romanos ejecutaban a los criminales, mientras

---

[71] El historiador Tácito escribió que Nerón provocó el incendio, pero algunos eruditos modernos cuestionan esta afirmación.

que otros se enfrentaban a un destino aún peor. Atados a estacas y cubiertos de alquitrán, se les prendía fuego y se utilizaban para iluminar los caminos por la noche. El propio Nerón utilizaba estas antorchas humanas como espantosas luces nocturnas para iluminar sus espectaculares jardines.

La tortura que Nerón infligía a los cristianos era tan atroz que despertó la simpatía de los ciudadanos de a pie que veían lo que ocurría. Pero la indignación pública no iba a hacer cambiar de opinión a Nerón, y al pueblo se le dijo que la pena capital de los cristianos era por el bien supremos del imperio. Sí, esto fue solo el principio de los 250 años de incertidumbre y persecución a los que se enfrentaron los que profesaban ser cristianos.

Domiciano

Por atroces que fueran las torturas de Nerón, fue su sucesor, Domiciano, quien fue apodado la «bestia del infierno que se sentaba en su guarida, lamiendo sangre». Regodeándose en su propio sentido de divinidad inquebrantable, se autoproclamaba «señor y dios», «señor de la Tierra» y "Tú solo" mientras presionaba a los que le rodeaban para que lo aclamaran «gloria», «santo» e «invencible». Obviamente, los cristianos estarían en total desacuerdo con su sincero sentido de sí mismo, lo cual era un problema para él.

Los primeros escritores/historiadores cristianos Eusebio, Tertuliano y Melito escribieron sobre las calumnias, acusaciones, persecuciones y crueldad de Domiciano contra los cristianos. Ireneo relató que hizo desterrar al apóstol Juan a la isla de Patmos. Otros relatos cuentan que el primo de Domiciano y cónsul romano Tito Flavio Clemente y su esposa se convirtieron al cristianismo y poco después fueron exiliados y ejecutados por orden de Domiciano.

Pero ninguna de estas historias salió a la luz durante la época en que sucedieron o ni remotamente cerca de ella. No empezaron a aparecer hasta al menos 300 años después. Entre los que hicieron circular estas historias, ninguno era un autor pagano. Con pocas pruebas en las que basarse, algunos arqueólogos modernos han tachado las persecuciones de Domiciano de noticias falsas. Hay muchas pruebas de que persiguió a los judíos, de eso no hay duda, pero ¿se ensañó con los cristianos? En aquella época, los cristianos no eran ampliamente reconocidos como algo separado de los judíos, así que ¿podrían las persecuciones de Domiciano contra los judíos haber envuelto también a algunos cristianos?

La persecución de los cristianos bajo el emperador Domiciano es objeto de debate y hay muchas especulaciones al respecto. Dado lo que se sabe sobre otros emperadores romanos y sus sentimientos hacia los cristianos, no está fuera del ámbito de la posibilidad o la probabilidad. Sin embargo, hay pruebas definitivas de cómo su sucesor veía el movimiento cristiano.

Trajano

Aunque sus predecesores parecían agrupar a los cristianos con los judíos, Trajano los veía a través de una lente diferente, que los convertía en una entidad separada. No fue tan antagónico con los cristianos como Nerón. No se molestó en perseguirlos activamente y castigarlos, y reconoció que no habían cometido ningún crimen. Pero el intercambio entre el gobernador Plinio el Joven y el emperador ofrece una visión clara del cristianismo bajo Trajano.

Plinio no sabía qué hacer. Varios cristianos habían sido arrastrados a la corte para ser juzgados por el gobernador. Sin embargo, no estaba seguro de cuáles eran exactamente los cargos que se les imputaban; tampoco obtuvo una respuesta clara de quienes los acusaban. En su opinión, parecían inofensivos. Ninguno de ellos había cometido delito alguno. ¿Podría ejecutarlos legalmente para acabar con el asunto? Parecía lo mejor. Después de todo, se negaban obstinada y desafiantemente a retractarse de su fe, que él había calificado de «contagio». No solo eso, sino que el número de sacrificios en la ciudad y los mercaderes que los vendían se estaban viendo afectados: El cristianismo no era bueno para el negocio de los sacrificios paganos. Sí, la ejecución era el camino más seguro, pero necesitaba comprobar que hacía lo correcto. Así que Plinio escribió al emperador para pedirle consejo.

El emperador adoptó una postura de no compromiso en la materia. Aseguró a Plinio que había hecho lo correcto, pero el emperador no pretendía perseguir activamente a los cristianos. Pero si Plinio los encontraba en la corte, era libre de condenar y castigar a cualquiera que se negara a arrepentirse de sus costumbres cristianas. Sin embargo, algunos «cristianos» que habían acudido a la corte de Plinio eran ahora excristianos, que habían renunciado a la fe. Eso en sí mismo no era un crimen. Mientras hubieran dejado atrás sus días de cristianos y lo demostraran mediante sacrificios de incienso a los dioses, eran libres de seguir con sus vidas. Plinio y Trajano no fueron los únicos que adoptaron una postura moderada respecto a los cristianos. El sucesor de Trajano, Marco Aurelio, siguió su ejemplo, al menos al principio.

Trajano
https://commons.wikimedia.org/wiki/File:Traianus_Glyptothek_Munich_336.jpg

Marco Aurelio

La postura moderada de Marco Aurelio era más oficial que un fiel reflejo de sus sentimientos. Aunque Marco Aurelio es considerado uno de los emperadores más benévolos y liberales, no todos a su alrededor eran tan abiertos de mente. Consejeros anticristianos de confianza le hablaron al oído y le convencieron de que los cristianos amantes de la paz eran, de hecho, una fuerza de revolucionarios peligrosos. Y, para colmo, eran «sumamente inmorales» por negarse a adorar a los dioses. Se convenció de que eran un peligro para la sociedad romana.

Tal vez el mayor peligro no procediera del propio emperador, sino de la propaganda anticristiana que este fomentaba y permitía que circulara. El resultado del que hablan los escritores posteriores estuvo lleno de horribles torturas y muertes espantosas en un reino de terror.

Entre las víctimas de esta ola de persecución se encontraban Ireneo y Justino Mártir.

Sin embargo, esta violencia extrema parece contradecir el carácter del emperador. Muchos eruditos modernos cuestionan los sensacionalistas informes de quienes no vivieron durante este periodo. También contradice la opinión de Tertuliano sobre Aurelio, a quien llamaba «nuestro protector y patrón». Tertuliano también hacía referencia a cartas del emperador en las que afirmaba que los cristianos de su ejército salvaban a las tropas de una muerte segura mediante la oración. Por ello, Marco Aurelio disuadió a otros de aplicarles la pena de muerte, aunque no cambió el castigo para los cristianos practicantes.

Así pues, la verdad sobre la persecución bajo Marco Aurelio, aunque no totalmente comprendida, parece encontrarse en algún punto intermedio. Es obvio, por la muerte de dos conocidos escritores cristianos, que los cristianos sufrieron terribles persecuciones durante esa época, pero quizá no fueron sancionadas directamente por Aurelio. Una historia similar se desarrolló durante el reinado de Severo.

Severo

Severo no guardaba especial rencor a los cristianos. De hecho, la niñera que cuidaba de su hijo era cristiana profesa. Sin embargo, esto no le impidió promulgar una ley que prohibía a todo el imperio convertirse al cristianismo (o al judaísmo). Ese edicto desencadenó otra ola de feroz persecución que ni siquiera la hábil pluma de Tertuliano pudo combatir. Esta vez, la mayor parte de la acción tuvo lugar en el norte de África.

Durante este tiempo, murieron Clemente de Alejandría y el padre de Orígenes. Fue también cuando la mártir Perpetua escribió sus dramáticas memorias finales detallando su estancia en prisión. Con solo veintidós años, suspiraba ansiosamente por su bebé, que aún estaba lactando. Finalmente, ella y su hijo se reunieron en su celda. Su amiga Felicitas, que estaba embarazada, fue encarcelada con ella y dio a luz en su oscura celda, embarazada de ocho meses. Perpetua detalla las indignidades que sufrió Felicitas mientras esperaban la ejecución, junto con algunos sueños vívidos que tuvo sobre lo que iba a suceder. Su relato termina la noche antes de ser enviadas a la arena, pero su historia es retomada por otro narrador, que continúa su relato. Cuenta que a los que iban a ir a la arena se les obligaba a vestir las túnicas de los sacerdotes y sacerdotisas de los dioses, pero Perpetua se negó a transigir hasta en este último detalle. Por su fe, ella y Felicitas fueron desnudadas, metidas en redes y arrastradas a la arena. La muchedumbre se desanimó, y las dos fueron conducidas de vuelta a la arena, esta vez vestidas con túnicas sencillas. Tanto ellas como otros fueron abordados por animales furiosos y, aunque heridos, no murieron. Como la sed de sangre del público estaba saciada, los supervivientes fueron devueltos a la arena, donde los soldados acabaron con ellos a espadazos.

No cabe duda de que Perpetua fue un personaje histórico. Independientemente de la veracidad o falsedad de su historia, permite a los lectores hacerse una idea de lo que sufrieron los cristianos en aquella época.

Sin embargo, con el final de la vida de Severo llegó el fin de la persecución, al menos por el momento. Los cristianos disfrutaron de cincuenta años más de paz antes de que se reanudaran sus problemas[72].

Decio

Cuando la persecución regresó en 249 d. C., durante el reinado de Decio, lo hizo a lo grande. Con hordas bárbaras invasoras y otros problemas que debilitaban el imperio, Decio quiso resolver el problema reforzando el culto tradicional a los dioses. Un edicto que ordenaba a todos los habitantes del imperio ofrecer incienso a los dioses supuso un problema evidente para los cristianos, y su negativa irritó a Decio. Tras hacer ejecutar al prominente clérigo Fabián de Roma, Decio dijo que aceptaría a un «rival al trono antes que a otro obispo de Roma». De este agravio imperial surgió la primera persecución de cristianos en todo el imperio, y fue intensa. También sentó un precedente para los emperadores que siguieron[73].

Valeriano

Cuando el emperador Valeriano subió por primera vez al trono de Roma, los cristianos no le molestaban y los dejaba en paz en su mayor parte. Pero cuando la guerra, los disturbios civiles y las plagas empezaron a descontrolarse por todo el imperio, Valeriano necesitaba un chivo expiatorio. Siguiendo el ejemplo de Nerón, culpó a los cristianos de los problemas de Roma. A esto se sumó la persuasión manipuladora de uno de sus generales anticristianos, lo que convirtió el

---

[72] Aunque hubo un breve período de agitación durante los tres años de reinado de Maximino.

[73] Hasta ese momento, las persecuciones se producían en áreas localizadas y no en todo el imperio.

año 257 d. C. en un punto de inflexión en su actitud. A partir de entonces, Valeriano no solo aplicó la política de Decio, sino que aumentó su intensidad.

Al igual que bajo Decio, la «tolerancia religiosa» de Roma se manifestó en el hecho de que a los emperadores no les importaba que los cristianos practicaran su fe siempre y cuando también observaran las formas romanas de culto. En sus nuevos edictos, Valeriano exigió que todos los miembros del clero cristiano sacrificaran a los dioses o se enfrentaran a una muerte agonizante. Valeriano cumplió su palabra.

Muchos clérigos de todo el imperio, incluidos hombres prominentes como Sixto y Cipriano, fueron ejecutados. La barbarie reinó en muchos casos, como el de Saturnino de Tolosa. Tras ser sometido a horribles vejaciones, al final le ataron los pies a la cola de un toro enfurecido. Se soltó al animal para que descendiera desbocado por las escaleras del templo, con el desafortunado clérigo rebotando y arrastrándose detrás hasta que quedó con la cabeza aplastada.

En Utica, 300 cristianos fueron reunidos y colocados alrededor de un horno encendido. Tras rechazar la orden de sacrificar a Júpiter, los 300 fueron sacrificados en el horno. Sin embargo, no se trata de un hecho aislado. En lugares tan lejanos como España, prominentes clérigos fueron quemados vivos.

A otros, entre ellos mujeres devotas, les soltaron tigres y otros animales feroces. Algunos sufrieron calvarios inimaginables, primero azotados con látigos antes de ser colgados en la horca. Sin embargo, no se les permitió morir. Después de descolgarlos, les quemaban la piel con cal química antes de asarlos sobre las llamas y finalmente decapitarlos.

El Estado despojaba de sus bienes a los miembros de la clase alta que escapaban de una muerte espantosa. Los sirvientes cristianos más desafortunados de la casa imperial eran encadenados y enviados como esclavos a las minas romanas.

Hacia el final de su reinado, Valeriano fue capturado por los persas durante una guerra y sufrió un destino similar al que impuso a los cristianos. Cuando su hijo Galieno tomó el poder, se mostró mucho más comprensivo con los cristianos, revirtió la política de su padre e incluso restituyó los bienes confiscados. La situación siguió siendo relativamente segura para los cristianos durante varios emperadores más, hasta que Diocleciano tomó las riendas de Roma.

Diocleciano

A pesar de que su esposa era cristiana, Diocleciano se empeñó a fondo en resucitar la persecución contra los cristianos. No se conformaba con que los cristianos sacrificaran a los dioses, sino que iba a por el exterminio completo de toda la religión. Esta feroz embestida inició lo que se conoció como la «Gran Persecución».

Diocleciano había tolerado el cristianismo durante muchos años, pero al igual que otros gobernantes antes que él, buscaba una forma de estabilizar el tumultuoso imperio. Por lo tanto, se volvió hacia la creación de la uniformidad mediante la imposición de los ritos religiosos romanos. Y de nuevo, el rechazo cristiano fue tomado como una perturbación de la paz y la moralidad del imperio.

Una vez más, un consejero anticristiano ayudó al emperador a exacerbarse contra los cristianos. Todo culto cristiano fue totalmente prohibido por decreto imperial. Esto incluía la destrucción de lugares de culto y literatura cristiana, así como el arresto de cualquier cristiano que no realizara de todo corazón un acto de culto a los dioses romanos. Ni siquiera la casa imperial escapó a la purga cristiana, ya que la emperatriz y su hija también fueron víctimas de la persecución.

En algunas regiones, los cristianos lucharon contra el orden imperial. Indignado por la violación de los derechos civiles, un cristiano profeso llamado Nicomedia destruyó públicamente una copia del edicto, lo que le valió la muerte en la hoguera.

En Frigia, un pequeño pueblo habitado exclusivamente por cristianos fue reducido a cenizas. Sin embargo, otros perseguidores se tomaron su tiempo para perfeccionar sus brutales castigos. Eusebio, vivo en la época en que esto ocurría, escribió que los cristianos no ejecutados u obligados a ir a las minas sufrían una crueldad física, quizá aún peor, ya que les sacaban los ojos de las órbitas o les arrancaban los pies de las piernas.

Sin embargo, no todos estaban de acuerdo con esta matanza indiscriminada. Destacados líderes de la comunidad, como jueces y otros funcionarios, arriesgaron sus vidas para proteger a familiares y amigos cristianos. Así desafiaban a los apóstatas y traidores que entregaban a los cristianos a las autoridades.

Galerio

Después de que Diocleciano abdicara del trono en el 304 d. C., su sucesor y yerno Galerio tomó la antorcha de la persecución. Aunque Diocleciano había dado las órdenes originales, fue Galerio quien se ganó el mérito de instigar la persecución entre bastidores. Ahora en pleno mando, continuó la campaña despiadada.

La campaña se detuvo en el año 311 d. C. cuando Galerio enfermó de muerte. Aquejado de una espantosa y dolorosa enfermedad (posiblemente gangrena o cáncer intestinal), Galerio cambió rápidamente de opinión. Temiendo que su enfermedad fuera un castigo divino del irritado Dios cristiano, estaba ansioso por apaciguar los ánimos. Galerio estaba dispuesto a dictar órdenes que anularan sus anteriores edictos contra los cristianos, con una condición. Los cristianos debían rezar colectivamente para que el emperador recuperara la salud. Dos años después de caer enfermo, Galerio promulgó en todo el imperio edictos de plena tolerancia hacia los cristianos. Esta vez, los cristianos experimentaron una paz estable (en su mayor parte) hasta el final del poder romano.

Sin embargo, los emperadores romanos no fueron los únicos gobernantes poderosos que afectaron a la historia de la religión cristiana. ¿Cómo era la vida bajo el emperador Constantino el Grande, declarado cristiano?

Capítulo 11: La contribución de Constantino

En el año 311 d. C., se enviaron cartas imperiales a todos los gobernadores del Imperio romano. El emperador Constantino y su coemperador de las provincias orientales, Licinio, promulgaron edictos revocando todas las restricciones anteriores contra los cristianos. Lejos de su intención interferir con cualquiera que quisiera «dedicar su mente al culto del cristianismo» o a cualquier otro culto. En realidad, los cristianos a los que se confiscaron sus bienes no recuperarían la totalidad. Pero, ¿quién era el verdadero hombre detrás de esta orden aparentemente benevolente, y cómo exactamente abrazó el cristianismo?

De joven, Constantino fue testigo de la violenta e intrigante corte imperial del emperador Diocleciano. La ejecución de los rivales y el señalamiento con el dedo fue una educación temprana. Cuando Diocleciano asesinó a su camino a la cima, su primera orden del día fue dividir el imperio en lo que él llamó la Tetrarquía. Ahora habría dos emperadores (*Augusti*). Uno gobernaría las provincias orientales y el otro las occidentales. Estos contarían con la ayuda de sus viceemperadores (césares). De este modo, sería mucho más fácil gestionar las fronteras y los ataques enemigos en todo el vasto imperio.

En Occidente, Augusto Maximiano estableció la corte en Milán, con el padre de Constantino, Constancio I Cloro, como su segundo al mando. Constantino, sin embargo, se quedó con Diocleciano y sirvió como guardaespaldas antes de convertirse en oficial del ejército.

Constantino, un líder inteligente, enérgico y nato, tenía por costumbre conversar con sus tropas, ganándose inteligentemente la simpatía de sus hombres y su lealtad. El joven general era ambicioso y estaba dispuesto a triunfar a cualquier precio, incluso a costa de la vida de otros.

Además de ser un general excepcional, Constantino destacó como organizador y administrador. A lo largo de su vida, se esforzó por aprender todo lo posible. También era religioso hasta el punto de ser supersticioso y muy emocional. Como quería ser popular, era fácil engañarle y aprovecharse de él. Sufría ataques de ira provocados por una mente muy suspicaz y celosa, recurriendo ocasionalmente al asesinato.

Cuando el padre de Constantino se convirtió en uno de los nuevos *Augusti* en el 305 d. C., se esperaba que nombrara César a su hijo. En su lugar, Constantino fue dejado de lado en favor de opciones más nepotistas que harían feliz a su «co Augusto» Galerio. Sin embargo, los hombres que servían bajo Constantino se sintieron ofendidos por este desaire de su comandante. Creían que debería haber sido promovido legítimamente.

Cuando Constancio murió al año siguiente, la montaña rusa de ascensos y descensos de Constantino comenzó en serio. Las tropas de Constantino vieron una oportunidad y trataron de aprovecharla para su líder, declarándolo el nuevo Augusto. Galerio, sin embargo, puso freno al ascenso de Constantino a gran estatus, promoviendo en su lugar a Severo a Augusto y colocando a Constantino como su César. A pesar de que tenía a sus tropas detrás de él, Constantino no creía que pudiera luchar contra Galerio y Severo en esto, por lo que aceptó el título de César y esperó su momento.

Al Augusto Maximiano, ya retirado, y a su hijo Majencio tampoco les gustó que Constantino no fuera ascendido, así que se encargaron de declararlo Augusto. Severo y Galerio entraron en guerra con ellos por ello, con consecuencias desastrosas. Los ejércitos de Severo y Galerio fueron derrotados, y aunque Severo se rindió, fue ejecutado. Asustado, Galerio dio media vuelta y se retiró.

Unos años más tarde, Galerio perdió los nervios y volvió a degradar a Constantino a César mientras promovía a Licinio a Augusto. Pero Constantino no lo soportó esta vez. Rechazó el cambio de título y se mantuvo resueltamente como Augusto. Ahora había tres *Augusti* y solo dos partes del imperio, por lo que Galerio tuvo que hacer espacio para

Licinio como gobernante de las provincias de Iliria.

Solo unos pocos años después de hacer Constantino gobernante, Maximiano perdió el favor con él. Avergonzado tras ser derrotado en batalla, Maximiano se quitó la vida. Majencio se enfadó, viendo a Constantino como la causa de la muerte de su padre. Tras su victoria, Constantino puso fin a la Tetrarquía y volvió a someter al reino a un único gobernante, supuestamente legítimo: él mismo. Majencio no estaba de acuerdo. Tenía un derecho hereditario mucho más fuerte al trono. Finalmente estalló la lucha, que culminó en la histórica batalla del Puente Milvio.

A salvo detrás de los muros fuertemente fortificados de Roma, Majencio se sentía afortunado. Pensando que los presagios estaban a su favor, cometió un error de juicio demasiado confiado y, en última instancia, catastrófico. Abandonando la ciudad, condujo a sus tropas para enfrentarse frontalmente a Constantino. Sin embargo, había un pequeño problema: Majencio había destruido todos los puentes que cruzaban el río Tíber en dirección a Roma, incluido el puente Milvio. Ahora que tenía que cruzar el río para reunirse con las tropas de Constantino, Majencio hizo que sus hombres construyeran un puente de pontones, colocando sus barcos uno al lado del otro a lo ancho.

Los ejércitos se enfrentaron ferozmente, y uno de los flancos de Majencio fue empujado hacia atrás sobre el improvisado puente de barcas. El peso de los soldados tensó las barcas hasta que, sobrecargadas, se hundieron en el Tíber y se llevaron a los hombres con ellas. Majencio estaba entre los ahogados, y su cabeza fue tomada por las tropas de Constantino y con orgullo desfilaron en la victoria.

Entonces, ¿qué tiene que ver esta lucha obviamente política con el cristianismo? Eusebio y Constantino hablan de un acontecimiento sensacional justo antes de la batalla, tal vez el punto de inflexión para el supersticioso Constantino.

Según Constantino (y más tarde escrito por Eusebio), el sol del mediodía estaba alto en el cielo el día antes de la batalla. Mirando hacia arriba, vio un «trofeo en forma de cruz» sentado sobre el sol. En la cruz estaban grabadas las palabras «Por esta conquista». Constantino y los soldados que lo acompañaban se quedaron asombrados.

Esa noche, siguió pensando en lo que podría significar la señal cuando, finalmente, fue vencido por el sueño. Constantino afirmó que se le dijo en un sueño que pintara la marca de Cristo, una X, en los escudos de sus hombres. Se decía que esta marca protegía a sus hombres de los ataques enemigos. También inspiró a Constantino a crear una lanza de oro con joyas incrustadas (el hombre amaba sus joyas) de la que colgaba un estandarte de seda bordado con una corona con el nombre de Cristo[74].

Sin embargo, no fue suficiente. Fuera de las puertas de Roma, Constantino hizo que le trajeran los libros sibilinos para que pudiera comprobar lo que decían los oráculos. Fue allí donde encontró las palabras que quería ver: «En este día el enemigo de los romanos perecerá». Confiado en todo tipo de respaldo divino, marchó hacia la victoria.

Generalmente se dice que estos incidentes provocaron la conversión de Constantino al cristianismo (aunque no fue bautizado hasta justo antes de su muerte). Pero, ¿se convirtió realmente al cristianismo el hombre cuyos dioses favoritos eran Marte y Apolo, y cuáles fueron sus motivos para hacerlo?

La conversión de Constantino por Pedro Pablo Rubens
https://commons.wikimedia.org/wiki/File:Constantine%27s_conversion.jpg

Como cualquier buen soldado supersticioso, Constantino probablemente creía en cubrir sus bases. En su mente, si quería ganar

---

[74] Este estandarte, llamado lábaro, fue llevado siempre por Constantino en sus hazañas militares a partir de entonces y acabó convirtiéndose en el símbolo del Imperio bizantino.

política y militarmente, todos los dioses, independientemente de su religión, debían ser apaciguados para aumentar sus posibilidades de éxito. Ofender por error a un dios dejándolo fuera supondría arriesgarse al castigo divino. Para él, el cristianismo no era tanto el sacrificio de Jesús como un talismán mágico para sus victorias.

Del mismo modo, la «conversión» no parecía un gran problema para Constantino. Él ya adoraba al sol, así que fue un pequeño salto para él adorar al Hijo. De hecho, fue él quien introdujo la Navidad, un acontecimiento que unía el culto al sol con el culto al Hijo.

Así que, en el año 313 d. C., Constantino lo hizo oficial: no su conversión, sino la despenalización del cristianismo. El Edicto de Milán permitió a todos los ciudadanos del imperio la libertad de culto. Aunque Roma solía ser tolerante con otras religiones, fue un paso radical para el imperio, un paso que lo llevaría de perseguidor cristiano a mecenas cristiano.

Pero el perpetuo y molesto problema de un imperio fracturado plagó el reinado de Constantino. Al igual que otros antes que él, buscó la unidad religiosa como una forma de mantener el imperio unido. Sin embargo, no podía deshacerse de cientos de años de cultura pagana nativa sin consecuencias. Después de todo, acababa de conceder la libertad religiosa a los cristianos con un edicto que, técnicamente, permitía a todos los demás practicar su culto como quisieran. Entonces, ¿cómo iba a resolver este difícil problema? Uniendo las creencias paganas y cristianas, esperaba que los diversos pueblos del imperio se unieran en feliz hermandad. Sin embargo, el propio cristianismo se había dividido.

Dos sectas, los donatistas y los arrianos, eran los principales actores en esta época. Los donatistas tenían una visión muy estricta de la santidad y no les gustaba que los emperadores romanos interfirieran en sus asuntos piadosos. Tampoco aprobaban la forma en que se dirigían las cosas desde la iglesia de Roma, lo que provocó una ruptura con la rama principal de la época. Decir que todas las demás ramas del cristianismo no eran lo suficientemente dignas o santas no les granjeó ninguna popularidad entre otros cristianos profesos. Se armó un revuelo y se produjeron violentos ataques contra las iglesias donatistas del norte de África.

Los arrianos, por su parte, mantenían las creencias del siglo I sobre la divinidad de Jesús. Se negaban a aceptar las enseñanzas, ahora más comunes, de que Jesús tenía un estatus supremo como parte de la Trinidad. Por el contrario, sostenían que había sido creado como un individuo sujeto a Dios y no igual a él. Aunque esta enseñanza era original del cristianismo, los tiempos habían cambiado y la idea causó un gran revuelo. En el famoso Concilio de Nicea, celebrado en el año 325, esta idea se convirtió en el principal punto de fricción. En los dos años anteriores, Constantino había enviado cartas a la iglesia, tratando de unirla más. Cuando eso no funcionó, convocó el concilio para que lo resolvieran cara a cara.

Aunque no estaba bautizado, Constantino participó en el debate. Haciendo su entrada en el consejo, Constantino estaba vestido con todo el esplendor de su atuendo de oro y púrpura, sus joyas irradiaban su brillo mientras caminaba por el pasillo en su pompa imperial. En la declaración de apertura de Constantino, es evidente lo mucho que la lucha interna entre la cristiandad lo atormentaba. En parte, declaró: «Porque, a mi juicio, la lucha interna dentro de la Iglesia de Dios es mucho más mala y peligrosa que cualquier tipo de guerra o conflicto, y estas nuestras diferencias me parecen más graves que cualquier problema externo». Indicó que no creía que el asunto mereciera el debate que estaba provocando y que surgía principalmente de clérigos con inclinaciones académicas que tenían demasiado tiempo libre. Animó a los presentes a llegar a una conclusión sobre quién era Jesús en relación con Dios.

Cansado y en desacuerdo con los arrianos, Constantino se puso de parte del resto de la cristiandad. Todos los clérigos reunidos, salvo dos, votaron a favor de aceptar a Jesús como igual a Dios, y redactaron una declaración formal de creencias (el Credo niceno) para sellarlo por escrito. El concilio condenó al líder de la secta, Arrio, por peligroso y herético. Arrio fue excomulgado y el emperador lo envió al exilio (aunque unos años después recuperó la gracia).

Dentro de la cristiandad, los acontecimientos de Nicea se consideran la cumbre de la transformación religiosa de Constantino. Sin embargo, otra transformación tendría lugar varios años después. En el año 330 d. C., Constantino trasladó la capital del imperio a una pequeña ciudad del estrecho del Bósforo conocida como Augusta Antonina. El anterior emperador Septimio Severo la había arrasado, pero llegó Constantino para levantarla de nuevo y convertirla en la «Reina de las ciudades». La rebautizó Constantinopla, y su reluciente riqueza creó el telón de fondo de un nuevo epicentro del intelectualismo y la cultura cristianos.

Aunque continuó introduciendo el cristianismo en el imperio, el emperador seguía sin bautizarse. ¿Cuál era el problema? No cabe duda de que estaba introduciendo cambios en el sistema romano, promulgando leyes que endurecían la moral e intentaban evitar los abusos, especialmente los de índole sexual[75]. Hay muchas pruebas de que tenía firmes convicciones respecto a su fe. Se erigió en mecenas de los cristianos, encargando nuevas Biblias para las congregaciones de Constantinopla, favoreciéndolas con dinero para edificios de culto (como la original Santa Sofía), repartiendo altos cargos y eximiendo de impuestos al clero. Por si fuera poco, se autoproclamó cabeza de la Iglesia y promovió la unidad de la cristiandad.

Aunque no cabe duda de que tenía una convicción genuina sobre lo que había aprendido, la adopción del cristianismo no estaba exenta de ventajas para el emperador. Eusebio escribió en la biografía del emperador que «la fuente de la autoridad imperial procedía de lo alto» y que era «fuerte en el poder del título sagrado». Si podía reclamar el respaldo divino para su autoridad imperial, bueno, eso lo pondría en una posición ventajosa. Después de todo, creía que su ascenso al poder y su éxito estaban ligados al apoyo divino.

El problema era que, mientras ayudaba a los cristianos e intentaba alinear el imperio con la moral cristiana, su vida personal dejaba mucho que desear. Temperamental, paranoico, megalómano, cruel, violento y propenso al asesinato incluso dentro de su propia familia, Constantino no había refinado del todo su carácter cristiano, y parecía ser consciente de ello.

Como emperador, tenía las manos manchadas de sangre por guerras y otros actos desagradables que pudo haber considerado necesarios. Pero en su pensamiento (tal vez una forma común de pensar en la época), mientras no estuviera bautizado, no podía ser condenado por ninguno de esos pecados. Su plan parecía consistir en arrepentirse y ser absuelto de todos los pecados anteriores en el momento justo, cuando estuviera a las puertas de la muerte y no pudiera cometer más transgresiones. Esencialmente, pretendía irse a la tumba «libre de pecado». Los escritos de Eusebio insinúan que tal vez el clero era reacio a permitir su bautismo por las razones éticas y morales ya expuestas. De

---

[75] Pero a veces se aplicaban salvajemente. En algunos casos, los delitos morales podían llevar a ser quemado vivo o a que al infractor se le vertiera plomo fundido por la garganta.

cualquier manera, el bautismo de Constantino en el cristianismo no se produjo hasta diecisiete días antes de su muerte, mientras yacía enfermo y en peligro mortal. Pero hasta el final, Constantino era un hombre que quería cubrir todas sus bases. El día antes de morir, también ofreció un sacrificio a Zeus[76].

Cuando Constantino murió el año 337, Roma era todavía una mezcla de paganos y cristianos. Pero como legado, había legalizado el cristianismo y lo convirtió en una religión oficialmente reconocida por el Estado, lo que significa que los cristianos ahora podían reunirse libremente para el culto sin temor. Pero a pesar de que Constantino ayudó a marcar el comienzo de un cambio históricamente significativo e hizo del cristianismo una religión de Estado, no se convertiría en la religión del Estado hasta 43 años después. Y en ese tiempo, muchas más ramas brotarían.

---

[76] Seguía ostentando el título de *pontifex maximus* (o sacerdote supremo) de la religión pagana romana.

Capítulo 12: Religión de Estado y herejías

Después de Constantino, la mayoría de los emperadores abrazaron o, como mínimo, toleraron el cristianismo, ya que parecía bueno para los negocios del imperio. Sin embargo, el cristianismo se convirtió en la religión oficial del Estado durante el reinado del emperador Juliano, a partir del año 361 d. C. Mientras que gran parte del imperio estaba cambiando del paganismo al cristianismo, Juliano siguió el camino opuesto. Tras haber sido instruido en las enseñanzas cristianas, en parte por el propio Eusebio, Juliano prefirió más tarde las filosofías y deidades griegas y romanas clásicas, lo que le valió el apodo de Juliano el Apóstata. No volvió a criminalizar exactamente el cristianismo; de hecho, estaba bien con los donatistas, que estaban ocupados luchando contra la corrupción en la iglesia romana. Les dio la bienvenida tras el exilio impuesto por el emperador anterior[77]. Sin embargo, se empeñó en prohibir ciertos ritos eclesiásticos y en acosar a los cristianos para que no pudieran protestar contra la reintroducción del paganismo en el imperio.

En el gran esquema de las cosas, el intento de Juliano de volver a los días paganos y llenos de filosofía no duró mucho, y apenas frenó la marea del cristianismo. Tampoco consiguió que el reino volviera a ser un imperio unido, como él esperaba.

---

[77] Esto se volvió en contra de los emperadores posteriores cuando los donatistas apoyaron una rebelión de campesinos enfadados por los impuestos.

En el 380 d. C., el emperador Teodosio I puso todo el peso imperial del Estado al servicio del cristianismo. Tras sufrir una enfermedad, el recién bautizado emperador promulgó el Edicto de Tesalónica. Este edicto convirtió al cristianismo en la religión oficial del imperio. Sin embargo, para entonces, el cristianismo distaba mucho de ser una sola religión, y numerosas sectas se disputaban constantemente la supremacía y la doctrina. El primer concilio de Nicea no había sido suficiente para unificar sus creencias. El debate entre las ideas nicena y arriana de la Trinidad seguía siendo encarnizado[78].

Teodosio trató de poner fin a la controversia de una vez por todas y, como muchos antes que él, trató de unificar el imperio a través de una doctrina unificada. El arzobispo de Constantinopla, Gregorio Nacianceno, estaba de acuerdo con el emperador. Convocaron a toda la cristiandad occidental al Primer Concilio de Constantinopla (el segundo concilio ecuménico). El concilio pasó tres meses tratando los detalles de la doctrina de la Trinidad que no se habían tratado en Nicea. Algunos defendían la divinidad del Espíritu Santo, mientras que a otros no les entusiasmaba la idea. Hubo acusaciones, condenas y se arrebataron títulos episcopales.

En total, se establecieron siete cánones, aunque solo cuatro eran doctrinales. Los otros tres trataban de los procedimientos relativos al obispo de Constantinopla y de qué hacer con ciertos herejes de la Iglesia.

El concilio también estableció la doctrina bajo el Credo Niceno, específicamente la enseñanza de la Trinidad, que ellos ajustaron, para ser el dogma oficial de la iglesia (establecido en piedra con el nuevo Credo Niceno-Constantinopolitano). Haciendo oídos sordos a las continuas protestas arrianas, la iglesia declaró lo siguiente: (1) Jesús es Dios, (2) Jesús murió y resucitó, (3) otros también resucitarán de entre los muertos, (4) el Espíritu Santo formaba parte de la divinidad trinitaria, y (5) el establecimiento de una iglesia universal.[79]

---

[78] El Credo Niceno defendía la divinidad de Jesús como parte de la Trinidad, mientras que los arrianos creían que Jesús había sido creado y, por tanto, no tenía la condición suprema de Dios ni formaba parte de la Trinidad.

[79] El término «católico» significa universal, por lo que el término Iglesia católica se correlaciona con la Iglesia universal declarada.

Cualquier otra enseñanza contraria era declarada herejía, y esto afectaba a un buen número de sectas con diferentes puntos de vista sobre el funcionamiento de la Trinidad[80]. Por ejemplo, el coliridianismo declaraba que María, y no el Espíritu Santo, era la tercera parte de la Trinidad y que el matrimonio entre Dios y María produjo a Jesús.

Los que no estaban de acuerdo con el Credo Niceno podían morir por ello a punta de espada. Pocos años después, Prisciliano, obispo de Ávila, corrió la misma suerte, convirtiéndose en el primer «hereje» cristiano asesinado por otros cristianos.

El cristianismo niceno se arraigó como religión del Estado, mientras que la mayoría de las demás sectas cristianas se enfrentaban a nuevas dificultades. Ahora, su persecución contaba con el respaldo del emperador *y* de la Iglesia. Declaradas herejes y «locos insensatos» por no aceptar las nuevas creencias, las otras sectas fueron despojadas de su estatus legal, y sus propiedades fueron confiscadas por el estado.

Desde el punto de vista político, la aceptación oficial por parte de Teodosio de la doctrina de la Trinidad de Nicea fue un paso arriesgado. Con el emperador involucrado en los nombramientos eclesiásticos, Constantinopla, una ciudad decididamente arriana, sería difícil de mantener en orden. Ya era bastante malo que las diferentes sectas que apoyaban a Nicea en Alejandría y Antioquía estuvieran enzarzadas en una acalorada oposición por el obispado de Constantinopla, lo que mantenía a la ciudad llena de burbujeantes tensiones. El emperador se encontraba en un campo de minas religioso-político a la hora de hacer nombramientos: inevitablemente, alguien quedaría descontento.

Incluso fuera del imperio, la política teñía de religión a las tribus «bárbaras». Muchos deseaban ser romanos, codiciando las ventajas de la ciudadanía del imperio. Pero cada vez se les exigía más que renunciaran a su antiguo sistema religioso y se convirtieran al cristianismo si querían formar parte del imperio.

El cristianismo continuó su expansión por todo el imperio y más allá de sus fronteras, expandiéndose por el norte de África, Oriente Próximo y más al este. Se convirtió en una telaraña de facciones y sectas fragmentadas, muchas de ellas con creencias ligeramente diferentes. Muchas no estaban de acuerdo con la Iglesia principal de Roma,

---

[80] Herejía es cualquier enseñanza considerada falsa, errónea o contraria a lo aceptado por la corriente principal de la Iglesia.

nombraban a sus propios líderes y formulaban su propio tipo de cristianismo.

Sin embargo, mientras las iglesias principales debatían cuestiones doctrinales, algunos se cansaron de las discusiones, la política y las divisiones. Se retiraron a una vida de soledad, con la esperanza de encontrar el camino de vuelta a la verdadera espiritualidad.

Capítulo 13: Monasticismo y ascetismo

Ser nombrado para un cargo eclesiástico por el emperador era algo importante, y las cabezas empezaron a hincharse de orgullo y arrogancia. Muchos de los que veían este patrón de privilegio y corrupción estaban disgustados, anhelando volver a una forma más simple y pura de espiritualidad. Al deshacerse de las cosas materiales, llevar una vida extremadamente frugal y rechazar todos los placeres físicos o mundanos, los que elegían una vida de ascetismo querían menos distracciones para concentrarse en los asuntos espirituales y cultivar la virtud. Trabajaban para mantener a raya los deseos carnales y cultivar un buen nombre en los cielos. Eso significaba no casarse, no tener hijos, no tener posesiones, no comer por placer, no bañarse ni realizar prácticas higiénicas, y no tener comodidades. Era un ejercicio de autodisciplina extrema diseñado para domar la voluntad humana y perfeccionar un profundo poder espiritual.

¿Por qué tantos adoptaron un estilo de vida tan austero? Las razones variaban. Al ver que la Iglesia se encaminaba hacia las posesiones materiales, el poder, los privilegios y la corrupción moral, muchas personas de mentalidad espiritual corrieron en dirección contraria, buscando purificar sus almas y su espiritualidad. Querían dejar atrás el mundo secular y la iglesia principal en una apuesta por su salvación.

Algunos se trasladaron a lugares aislados para huir de la persecución y de los traidores que los entregarían. Pero una vez que el imperio declaró legal el cristianismo, se acabó el martirio. La mayoría se alegró de ello, pero no todos. Algunos habían visto el martirio como el último sacrificio que podían hacer, así que ahora no sabían cómo hacer el mayor sacrificio posible. Así que, en lugar de la muerte, martirizaron esencialmente sus deseos viviendo una vida de austeridad y soledad. Siguiendo el ejemplo de los ascetas de Oriente, muchos cristianos iniciaron su propio movimiento monástico en Occidente[81].

La idea del monacato no era nada nuevo a estas alturas. Ejemplos bíblicos como Juan el Bautista, que vivía en el desierto comiendo langostas y miel, mezclados con el judaísmo y la filosofía grecorromana, habían constituido durante mucho tiempo la base de esta cultura. Pero cuando llegaron los siglos III y IV, la vida monástica tenía un aspecto muy diferente y adquirió un papel más destacado a medida que los cristianos profesos le daban un nuevo giro.

Con un estilo de vida tan sencillo, ¿qué hacían los ascetas con su tiempo? Los ascetas más moderados centraban su vida en la oración, la meditación, el culto y la supervivencia. Algunos mendigaban para cubrir sus necesidades básicas, mientras que otros realizaban trabajos manuales, eran maestros y consejeros en sus comunidades, o recibían visitas para impartir aliento y sabiduría espiritual. Algunos eran más extremistas en su abnegación, encadenándose a las rocas y comiendo hierba como bestias del campo. Otros, como Simeón Estilita, pasaron décadas orando sentados en una columna a la intemperie. Todos estaban relacionados con el pecado, la redención y una relación más elevada con Dios.

Pablo de Tebas, también conocido como Pablo el Ermitaño, sentó las bases de esta época. Tras la muerte de sus padres, a la edad de dieciséis años, se enteró de que su cuñado planeaba traicionarlo y entregarlo a sus perseguidores. Huyendo, se refugió en el desierto de Tebas (Egipto). Allí sobrevivió comiendo dátiles y bebiendo de un pequeño oasis cerca de su casa en la montaña. Pasó los siguientes 91 años en constante oración durante todo el día. Sentó un precedente para el hombre que le seguiría, uno de los modelos más notables de vida

---

[81] Los monjes y monjas hacían votos religiosos que a menudo implicaban renunciar a los placeres mundanos y a los bienes materiales (ascetismo) y vivir en edificios comunales como monasterios y conventos.

ascética: Antonio el Grande[82].

Conocido por algunos como el padre de todos los monjes, Antonio no fue el primero en llevar un estilo de vida austero, pero fue él quien inició el movimiento en Occidente. Tras la muerte de sus acaudalados padres cuando él tenía veinte años, Antonio se tomó al pie de la letra el pasaje de Mateo 19:21 sobre «vender todo lo que se tiene y darlo a los pobres», y entró en una vida de pobreza voluntaria bajo el discipulado de otro ermitaño. Minimalista en la dieta, Antonio vivía solo de pan, agua y sal, con algunos ayunos a lo largo de la semana.

Según su biógrafo, Atanasio, Antonio vivió experiencias legendarias luchando contra mujeres fantasmales y demonios salvajes con forma de bestia (que, en un momento dado, estuvieron a punto de matarlo a golpes) mientras vivía alrededor de tumbas en las afueras de su pueblo. Cuando por fin decidió que estaba cansado de tratar con la gente, se trasladó a una montaña desierta (el monte Colzim) cerca del río Nilo para disfrutar de una soledad absoluta.

Los tormentos de San Antonio, de Miguel Ángel
https://commons.wikimedia.org/wiki/File:Michelangelo_Buonarroti_-
_The_Torment_of_Saint_Anthony_-_Google_Art_Project.jpg

---

[82] También conocido como Antonio de Egipto, Antonio del Desierto y Antonio el Ermitaño, entre otros.

Antonio se instaló en un fuerte romano abandonado y no salió de allí en los veinte años siguientes. ¿Cómo conseguía comida? La comunidad no estaba dispuesta a dejarlo morir de hambre, así que le arrojaban comida por encima del muro. A veces, los fieles peregrinaban a verlo, pero él era muy solitario y se negaba a recibir visitas. Poco a poco fue atrayendo a discípulos con inclinaciones ascéticas que empezaron a vivir en cabañas y cuevas alrededor de su montaña. Con el tiempo, se formó una colonia entera a su alrededor, y la gente clamaba para que fuera a guiarlos en sus caminos.

Finalmente cedió a las incesantes súplicas y aceptó ser su líder espiritual. Después de veinte años solo, para sorpresa de sus discípulos, por fin salió del fuerte sano y en forma en todos los sentidos.

Hasta ese momento, la vida monástica era eremítica (el llamado monacato eremítico), pero eso estaba a punto de cambiar. Para entonces, se había formado a su alrededor una colonia bastante numerosa de monjes en el desierto. Tardó entre cinco y seis años en organizarlos en comunidades y enseñarles a llevar una vida de abnegación y espiritualidad. Después regresó a su fortaleza del desierto, donde el resto de su vida[83]. Aunque ciertamente no fue el primero en llevar un estilo de vida ascético, parece que le dio impulso en Egipto, y las comunidades que fundó se extendieron por todo el país y el extranjero. Este fue el comienzo del monacato comunitario (llamado monacato cenobítico).

Puede que las comunidades monásticas que surgieron de Antonio estuvieran desencantadas de la Iglesia y de la gente en general, pero para ellos no se trataba de una devoción a tiempo parcial ni de una fase pasajera, sino que estaban metidos de lleno en ella. Algunos monjes y monjas llevaron su ascetismo hasta extremos inimaginables: vivieron en cuevas, cementerios, pantanos, celdas solitarias y, en un caso, en un pilar de doce metros de altura. Un ejemplo es Amma Sinclética, una «Madre del desierto» de Alejandría. Al igual que Antonio, tras la muerte de sus padres renunció a todas sus riquezas y se instaló como ermitaña en una cripta. Ganó muchos seguidores y fue muy influyente, sobre todo entre las mujeres que se unían al movimiento monástico..

---

[83] Aunque esta vez su estilo de vida era menos solitario. Recibía visitas y entraba y salía de las ciudades cercanas. En el año 311 d. C. hizo un viaje a Alejandría para animar a los perseguidos.

Amma Sinclética de Alejandría
https://www.worldhistory.org/image/5506/amma-syncletica-of-alexandria/

Al principio, la mayoría de los ascetas eran figuras solitarias, pero pronto se formaron pequeños grupos informales. Estar solo era más vulnerable a los ataques del demonio, así que la unión hace la fuerza. Pero a medida que el movimiento crecía en número, la necesidad de organización se hizo más importante. Entonces apareció el monje Pacomio. Él vio que los hombres y mujeres de estas pequeñas comunidades necesitaban una estructura y una forma de vida estandarizada. El hecho de ser un antiguo soldado romano probablemente lo equipó para la tarea.

Pacomio fundó el primer monasterio completo, donde hombres y mujeres vivían en dormitorios separados. Estableció normas y reglamentos sobre periodos de ayuno, silencio, lectura, culto en común y oración. En lugar de seguir sus propias perspectivas sobre la comida, el descanso y otras actividades cotidianas, los monjes y monjas tenían trabajos para mantenerse en el monasterio: tejer cestas, confeccionar ropa y tareas similares.

Sin embargo, la vida seguía siendo muy diferente a la del exterior. Nadie tenía propiedades propias; todo era comunal. Llevaban capuchas en sus sencillas ropas de campesinos, y las comidas no eran asuntos sociales estridentes: se comía juntos, pero en completo silencio. A diferencia de los fieles habituales, los de las comunidades monásticas dedicaban su tiempo a la meditación de las escrituras. Pero, ¿qué ocurría con los muchos campesinos analfabetos que deseaban llevar una vida de devoción en los monasterios? Había buenas noticias para ellos: si entraban en la comunidad, había programas para enseñarles a leer.

Hoy en día, mucha gente reconoce las palabras abad, padre y madre en relación con los responsables de un monasterio. Así lo hizo también Pacomio, el primero en designarse *abba*. Estableció una jerarquía de tipo familiar, y todos los que estaban dentro velaban por el bienestar de los demás. Por muy atractivo que esto resultara para los recién llegados, no se quedaban automáticamente de por vida. Tenían un largo periodo de prueba de uno a tres años para asegurarse de que encajaban bien antes de ser admitidos definitivamente.

Por mucho que trabajara en la organización de comunidades monásticas, Pacomio no fue el único «padre» del monacato comunitario. Basilio el Grande, mencionado anteriormente, tuvo mucho que ver en el desarrollo de unas directrices monásticas más moderadas para dar a la vida en las comunidades más equilibrio y menos austeridad.

En poco tiempo, decenas de miles de personas vivían en comunidades monásticas. Aunque parecían pequeñas islas en sí mismas, gracias a Basilio estaban conectadas al sistema eclesiástico más amplio. Más tarde, los monasterios caerían bajo el paraguas de un obispo de la iglesia local. Esto permitió trabajar más en favor de los pobres y los necesitados, una causa muy cercana al corazón de Basilio y a la que dedicó mucho tiempo.

Algunos monjes, como Juan Crisóstomo «el de la boca de oro» y Juan Casiano, asumieron cargos en la Iglesia oficial. Casiano comenzó su carrera monástica con tres años en una ermita antes de visitar otros monasterios de Egipto. Desde allí, allanó el camino del monacato en Europa.

Varios años después, Casiano se vio envuelto en una gran controversia con Teófilo, arzobispo de Alejandría. Una vez más, el debate sobre la concepción de Dios hizo estragos. Esta vez, se trataba específicamente de la opinión de Orígenes sobre el asunto. Los obispos y otros líderes de la Iglesia consideraron heréticas las ideas de Orígenes, ya que Casiano las predicaba en Occidente. Enfadado por su postura sobre las enseñanzas de Orígenes, Casiano marchó a Constantinopla para quejarse a Crisóstomo y tomó una posición en el clero de allí. Tras el exilio y un llamamiento a Roma, Casiano aceptó de buen grado una invitación para fundar un monasterio en Europa occidental.

Cuando fundó el primer monasterio de inspiración egipcia en la Galia, estableció unas normas básicas de vida. Intentó ayudar a los monjes en su búsqueda de la perfección señalando sus mayores obstáculos y las mejores formas de evitarlos[84]. También adoptó un enfoque equilibrado del monacato. Un gran ejemplo es su enfoque de la hospitalidad, que animaba incluso a los ermitaños más antisociales a recibir amablemente a los invitados. Las directrices de Casiano se convirtieron en modelo para otros monasterios occidentales.

Los monasterios europeos fueron los que más contribuyeron a la difusión del cristianismo en el continente. Mientras que la mayoría de las iglesias se establecían en las ciudades y atraían sobre todo a la nobleza y la alta sociedad, mucha gente vivía en zonas rurales y no tenía acceso a la enseñanza eclesiástica. Por eso, a medida que surgían monasterios en las tierras de labranza y otras zonas periféricas, el cristianismo se fue extendiendo poco a poco entre la gente corriente de todo el país. En el siglo IV, los monasterios estaban bien establecidos y vinculados al resto de la cristiandad.

Antes enfrentados a la Iglesia, los monasterios se fueron convirtiendo cada vez más en parte de ella. Los emperadores que intentaban controlar a la Iglesia fundaron y construyeron monasterios, algunos de los cuales se convirtieron en pseudo miniestados propios. Antaño lugares para llevar una vida sencilla, los monasterios iniciaron una trayectoria que los llevaría a convertirse en algunas de las instituciones más ricas y poderosas del mundo.

Mientras que la mayor parte de la expansión monástica y cristiana se había producido en la parte oriental del mundo romano hasta este momento, el cristianismo también se deslizaba lentamente hacia los confines más occidentales del imperio.

---

[84] Su obra influyó notablemente en el monje Benito de Nursia, fundador de la conocida orden benedictina de monjes.

Capítulo 14: La expansión misionera occidental y el papado

Se había desarrollado una tendencia arrolladora entre los ricos de las grandes ciudades de Italia, Grecia, Asia Menor y el norte de África. Para muchos, el cristianismo había pasado de ser un viaje espiritual a un movimiento de moda entre la élite. Se había puesto de moda entre la clase alta y los que buscaban ascender en la sociedad el unirse a las filas de los que profesaban ser cristianos. Había buenas razones para ello. Con las manos imperiales en la olla eclesiástica, la riqueza y el prestigio de la Iglesia se dispararon. El atractivo de una serie de privilegios hizo que muchos corrieran en busca de un puesto en el clero. Las mujeres de la aristocracia experimentaban con formas de devoción de moda, como quienes intentan marcar tendencias en la moda. Sin embargo, se trataba solo de una pequeña fracción de la población. ¿Qué ocurría con la gente común fuera de la alta sociedad y de los epicentros del mundo «culto»?

Al margen de las ciudades del mundo romano y griego, repletas de riqueza y nobleza, existían grandes extensiones de paisaje rural, pobladas por personas de diversas culturas, lenguas e identidades. Aunque muchas tierras que se extendían hasta Gran Bretaña estaban técnicamente bajo control romano, habían evitado la romanización. En aquella época no había grandes ciudades en esas zonas, ni siquiera lo que podrían considerarse ciudades de tamaño medio. Apenas tocadas por la influencia romana, el cristianismo tampoco había llegado a ellas.

Pero, al igual que el Imperio se había fracturado en Oriente y Occidente, la Iglesia también se dividió. El cristianismo se benefició de la unificación y de los grandes proyectos de construcción de carreteras, y ahora recorría la telaraña de caminos que salían de Italia y se dirigían a la Galia y más allá[85]. Se corrió la voz de que el cristianismo acogía a personas de cualquier nación o tribu, independientemente de su origen religioso. Esto atrajo a muchos a los que les gustaba estar vinculados a la cultura romana, pero que no querían renunciar por completo a sus creencias tradicionales. Para algunos, el poder adorar a sus dioses *y* a Jesús era un buen añadido a su panteón de deidades.

Algunos misioneros se estaban abriendo camino hacia el oeste en aquellos días, pero la mayoría de la gente se enteró del cristianismo a través de su red local de comunicación: amigos, parientes y vecinos que se pasaban la voz unos a otros. Aunque el cristianismo no pretendía ser compatible con el culto pagano, los pueblos del imperio lo adoptaron como tal.

Pero, ¿quién podía decirles lo contrario? La mayoría de los habitantes de la vasta extensión del Imperio romano se encontraban lejos de los ámbitos educativos de la Iglesia principal. Así, el cristianismo se hizo tan diverso como los pueblos dispersos por los rincones del imperio. En el año 410 d. C., el cristianismo había llegado al rincón más alejado: Gran Bretaña[86]. Pero no antes de algunas otras paradas.

Caníbales, bestias, bárbaros: estas eran las ideas arraigadas que los ciudadanos romanos civilizados tenían de las tribus germánicas. Dada su historia de invasiones salvajes en tierras romanas, estas percepciones no eran del todo infundadas. El obispo Optato del norte de África expresó la opinión de muchos cuando dijo que «el sacerdocio, la castidad y la virginidad... no estarían a salvo» entre los pueblos de las tribus germánicas. A su vez, ninguno quería o asumía la tarea de salir en misiones a las tribus bárbaras.

Pero el prestigio de la nueva religión «romana» era demasiado para que incluso las tribus bárbaras pudieran resistirse. La difusión fue más lenta en las zonas periféricas y principalmente orgánica. Los emigrantes conocieron el cristianismo en un lugar y lo llevaron consigo cuando se

---

[85] La Galia de la Antigüedad tardía abarcaba lo que hoy es Francia, Suiza, Bélgica, Luxemburgo y partes de los Países Bajos y Alemania.

[86] Algunas pruebas demuestran que ya en el año 250 vivían algunos cristianos en Gran Bretaña.

establecieron en otro. Algunos cristianos eran secuestrados en sus incursiones en tierras romanas. El cristianismo se difundió de boca en boca y muchos germanos se convirtieron voluntariamente.

La mayoría prefería la controvertida doctrina arriana a la trinitaria, sobre todo los godos, que a lo largo de los años se habían enfrentado violentamente al Imperio romano. Los godos lideraron el paso al cristianismo entre las tribus germánicas y, a medida que lo adoptaban, comenzaba una dramática transformación. Su anterior inclinación por la violencia brutal fue sustituida gradualmente por lo que el historiador contemporáneo Orosio dijo que era una actitud más suave y una moderación del «salvajismo».

La conversión al cristianismo no fue sin consecuencias para algunos en el mundo germánico. En una oleada de persecución que rivalizó con la del emperador Diocleciano, los godos convertidos fueron perseguidos por los reyes godos paganos. El incidente más conocido fue perpetrado por el rey Wingurich, que hizo que sus hombres arrastraran un carro con una gran estatua hasta una ciudad con muchos godos cristianos. Todos los que la adoraran se salvarían. Pero más de 300, incluidos los presbíteros Wereka y Batwin, se negaron. Los hombres del rey atraparon a los cristianos en la tienda de culto y prendieron fuego a la estatua, matando a todos, incluidos niños y recién nacidos.

Algunos murieron perseguidos y otros huyeron a lugares lejanos del Imperio romano. Sin embargo, esto no fue suficiente para detener la propagación entre la gente. A mediados del siglo IV, un destacado cristiano godo llamado Ulfilas (que se convirtió en el primer obispo godo) trabajó para traducir la Biblia del griego a la lengua germánica oriental que hablaban los godos. A medida que el cristianismo se afianzaba entre los godos, estos transmitieron sus creencias a sus primos germanos de otras tribus, como los vándalos, los francos y los visigodos.

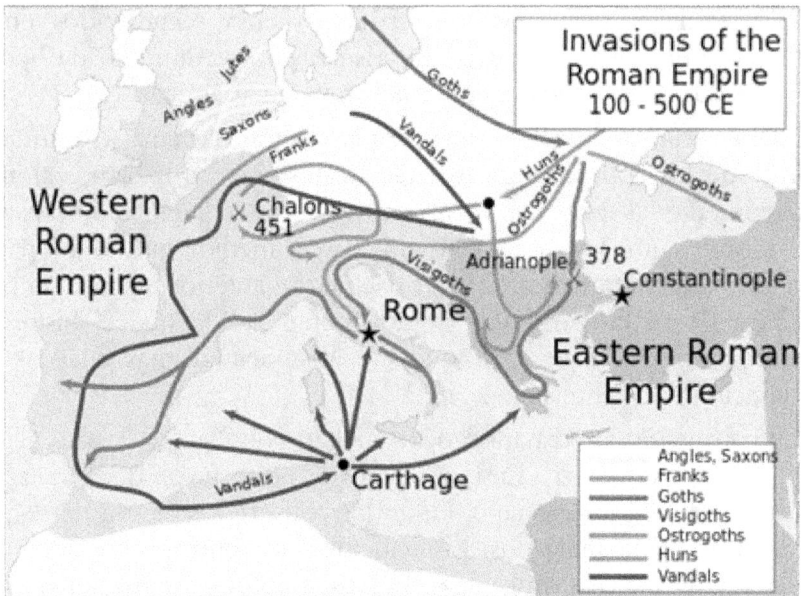

Invasiones y migraciones de los siglos II al V

MapMaster, CC BY-SA 2.5 <https://creativecommons.org/licenses/by-sa/2.5>, vía Wikimedia Commons; https://commons.wikimedia.org/wiki/File:Invasions_of_the_Roman_Empire.svg

Los detalles de cuándo y cómo llegó el cristianismo a la Galia son un poco confusos, pero una oleada de persecuciones a mediados del siglo II en Lugdunum demuestra que el cristianismo ya se había establecido en esa época[87]. Eso no quiere decir que floreciera. Rodeada por las dos culturas paganas de galos y grecorromanos, se desalentaba la práctica del cristianismo, por no decir que era peligroso profesarlo, de modo que la población cristiana era más bien modesta.

Así ocurrió con el primer líder eclesiástico de Lugdunum, llamado Pothinus. Después de que una plaga a mediados de siglo matara a miles de personas en la Galia, los aterrorizados ciudadanos buscaban una razón y alguien a quien culpar. Siguiendo el ejemplo de Nerón, que utilizaba a los cristianos como chivos expiatorios, la población decidió que los dioses habían enviado la plaga porque estaban enfadados con los cristianos, que se negaban a adorarlos. Pothinus fue señalado y arrestado rápidamente. Antes de que pudiera ser juzgado y ejecutado legalmente, algunos se tomaron la justicia por su mano y lo mataron a golpes. Fue el

---

[87] Muchos santos galos de la época eran de origen griego, por lo que es probable que el cristianismo hubiera llegado a la zona a través de misioneros o emigrantes griegos.

primer mártir de la Galia, pero no el único. Después de él, la historia de la Iglesia cuenta que otros 48 cristianos fueron arrestados por negarse a sacrificar a los dioses romanos y enviados a enfrentarse a las fieras en la arena.

Tras la muerte de Pothinus, Ireneo tomó las riendas de la Galia, pero la expansión del cristianismo siguió siendo lenta. Era difícil penetrar en las culturas paganas locales. Muchos miembros de las clases altas se aferraban firmemente a las antiguas religiones y tradiciones, las escuelas celebraban a los maestros paganos y la gente común seguía recurriendo a hechizos, encantamientos, espíritus de la naturaleza y adivinación para curar los males cotidianos. Muchas fiestas y costumbres paganas ya existían mucho antes de la llegada de los romanos, lo que las convertía en una parte muy arraigada de la identidad de los galos.

A mediados del siglo IV, Martín de Tours se propuso erradicar la idolatría pagana del campo. Esto se hizo más fácil entre la población más pobre a medida que surgían los monasterios. Martín fundó un «gran monasterio» y Casiano construyó dos más. La proximidad de ascetas que llevaban una vida sencilla, similar a la de los pobres, pero practicaban libremente el cristianismo, fomentó la lenta propagación del cristianismo en la zona y fuera de ella.

Ya en el siglo I, el apóstol Pablo tuvo al menos la intención de ir a España (Romanos 15:24), pero no hay confirmación de que llegara a la península ibérica. Sin embargo, en algún momento entre su vida y el año 180 d. C., se había desarrollado al menos una pequeña comunidad de cristianos, a la que hizo referencia Ireneo. Probablemente llegaron a España huyendo de las guerras de Jerusalén. Cien años más tarde, Cipriano de Cartago menciona cristianos en al menos cuatro ciudades de la península. Como en el resto de Europa occidental, el cristianismo se extendió gradualmente a través de vecinos, familias y amigos.

Las esporádicas persecuciones cristianas anteriores no alcanzaron a las pequeñas comunidades de Iberia, pero cuando llegó la feroz barrida de Diocleciano, los cristianos ibéricos sufrieron con el resto. La primera mártir de la que se tiene constancia fue la joven Eulalia, de quien se dice que tenía unos 13 años. A pesar de los esfuerzos de su madre por mantenerla secuestrada, Eulalia se escabulló y se proclamó públicamente cristiana. No contenta con eso, también insultó directamente a los dioses y al emperador, declarando:

«Isis, Apolo y Venus no son nada, el propio Maximiano no es nada; ellos no son nada, porque fueron hechos por manos, Él, porque venera las obras de las mano».

Su postura hizo que la desnudaran, la torturaran y la ataran a la hoguera para quemarla. Desafiante hasta el final, mientras las llamas ardían y el humo penetraba en sus pulmones, continuó provocando a sus verdugos hasta su último aliento.

Los cristianos ibéricos no fueron los únicos mencionados por Ireneo. También habló de una comunidad entre los celtas de Bretaña. Curiosamente, fueron probablemente los propios romanos quienes llevaron el cristianismo a los confines de su imperio. Ya en el siglo I, Gran Bretaña comerciaba con Roma. Así, cuando los mercaderes romanos llegaban a las islas para comerciar, también llevaban historias sobre Jesús y sus discípulos.

Sin embargo, el cristianismo apenas había conseguido afianzarse en Gran Bretaña antes de que casi fuera borrado de las islas. Cuando los anglosajones invadieron Gran Bretaña a principios del siglo IV d. C., llevaron su politeísmo germánico y prácticamente sustituyeron al cristianismo. Los pocos cristianos que quedaban huyeron a Gales, Irlanda y Escocia, donde siguieron prosperando prácticamente sin ser molestados. Pero en Inglaterra, el cristianismo tardaría otros 200 años en restablecerse.

De vuelta en el centro del Imperio romano, las cosas se calentaban entre Roma, Constantinopla, Alejandría, Antioquía y Jerusalén, cada una de las cuales creía tener el derecho de ser la iglesia principal. El cargo de papa aún no existía oficialmente, pero cada obispo reclamaba ser el legítimo jefe de la Iglesia[88].

Al ser la ciudad donde se estableció la primera congregación cristiana y se albergó el órgano central de gobierno (concilio), Jerusalén era muy importante para los profesos cristianos de los primeros siglos. También fue la ciudad donde Jesús murió y resucitó. Muchos consideraban la ciudad como un faro de honor y prestigio cristiano.

Alejandría fue un verdadero laboratorio de ideas cristiano, una ciudad clave que se creía la raíz de la teología cristiana. Desde esa

---

[88] Aunque el término «papa» ya se utilizaba en los siglos II y III en algunas iglesias, el título de «papa» para el jefe de la Iglesia Católica romana no fue oficial hasta el siglo IX aproximadamente.

ciudad, el cristianismo se extendió a Europa, pero sobre todo a África y Asia. Junto con Antioquía, Alejandría reivindicaba sólidas conexiones con el apóstol Pedro. Antioquía afirmaba que Pedro era obispo de su ciudad antes incluso de unirse a la congregación de Roma. Además de Pedro, Alejandría también reivindicaba a Marcos, de quien se decía que había fundado la congregación allí.

Constantinopla, como nueva capital del Imperio romano de Oriente (o «Nueva Roma», como se la llamaba), estaba respaldada por el poder imperial. En 381, el Primer Concilio de Constantinopla declaró a Constantinopla justo debajo de Roma en la jerarquía de ciudades importantes. Roma, nerviosa por el creciente poder de Constantinopla, se opuso a que se la honrara tanto. En un sínodo celebrado al año siguiente, Dámaso I protestó por el ascenso de Constantinopla. Siendo una ciudad relativamente joven —solo cincuenta años—, ¿por qué debía tener prioridad sobre las ciudades mucho más antiguas de Alejandría y Antioquía, donde el cristianismo llevaba mucho más tiempo establecido?

Hacia 354, la prominencia de Roma siguió aumentando al ser llamada «la sede apostólica», una referencia a la conexión con Pedro. Dámaso utilizó las palabras de Mateo 16:18, «Tú eres Pedro y sobre esta roca edificaré mi congregación (iglesia)», como precedente para apoyar la supremacía de la posición del obispo de Roma.

Mientras el poder imperial de Roma declinaba, su poder religioso crecía sin cesar. Cada vez era más difícil rebatir el poder religioso de Roma cuando contaba con el respaldo de tres emperadores. Teodosio II, Valentiniano III y Justiniano posicionaron al obispo de Roma como «el rector de toda la Iglesia». Aún no existía un cargo papal oficial, pero el poder del obispo de Roma se estaba cimentando, más aún cuando Inocencio I, obispo de Roma, afirmó que todas las decisiones importantes debían remitirse a la autoridad de Roma. Esto dio a Dámaso I el respaldo para hacerse llamar «sumo pontífice» en el 380 d. C.[89].

Sin embargo, con las otras ciudades planteando poderosas amenazas a su supremacía, Roma necesitaba asegurarse su posición de cabeza y

---

[89] O *pontifex maximus*, término utilizado para designar a los dirigentes, en particular los emperadores, del orden religioso pagano del Imperio romano.

que las otras *sees*[90] lo entendieran claramente. Esto se vio facilitado por la estrecha relación de Roma con los emperadores, que cada vez conferían más poder a los obispos. En el año 440 d. C., el obispo romano León I utilizó el derecho romano a su favor y consolidó la posición: los obispos de Roma fueron declarados legalmente sucesores de Pedro.

Cuando el asunto volvió a plantearse durante el Concilio de Calcedonia en el 451 d. C., León I afirmó que «hablaba con la voz de Pedro». Para calmar el descontento de Constantinopla, el concilio volvió a reafirmar que solo era segunda después de Roma. Sin embargo, Roma se opuso a esta nueva declaración, ya que no reconocía la autoridad de Roma sobre Constantinopla (ni sobre ninguna otra sede). Sin embargo, Roma se mantuvo firme en su postura.

La batalla por la supremacía continuó durante siglos, hasta llegar a un punto crítico en el siglo XI. El desacuerdo sobre la posición principal creó el Gran Cisma de 1054, que puso a Roma y Constantinopla en lados opuestos de la división, cada uno creyendo que debía tener derecho a la posición superior en la Iglesia. Aunque la posición de Roma estaba bien afirmada, los debates sobre la supremacía del papado continuaron durante toda la Edad Media e incluso hasta mediados del siglo XX.

---

[90] De la palabra latina *sedes*, que significa «asiento», la palabra *see* se refiere al cargo de obispo de una ciudad

Capítulo extra: Arte

El arte paleocristiano, fascinante, rico en historias y a veces desconcertante en su significado, fusionaba símbolos, imágenes grecorromanas clásicas e historia bíblica en pinturas, mosaicos, esculturas e incluso sarcófagos (cajas de piedra en forma de ataúd).

Muchos han visto los grandes vitrales y el famoso arte de temática cristiana de la época medieval, pero ¿por qué nunca se habla del arte cristiano del siglo I? Esto es porque apenas existe. No es que los primeros cristianos tuvieran nada en contra del arte, *per se*, sino que tenían razones para no crearlo en sus comienzos.

La mayoría de los primeros cristianos eran de origen judío, y sin duda las palabras de la ley mosaica estaban indeleblemente grabadas en sus mentes, en particular los mandamientos contra la formación de cualquier imagen de Dios, representaciones idolátricas de «cualquier cosa bajo el cielo y la tierra», y de «estar en guardia contra toda forma de idolatría»[91]. Para ser justos, gran parte del arte grecorromano que rodeaba a los cristianos del primer siglo tenía que ver con la idolatría y el culto pagano, por lo que es lógico que evitaran crear cualquier tipo de arte que pudiera quebrantar esos mandamientos.

Había una segunda razón práctica para su silencio en el mundo del arte: El cristianismo no era muy popular e incluso estuvo prohibido durante un tiempo. Para pasar desapercibidos y no ser objeto de persecución, ¿pintarían y esculpirían abiertamente sobre aquello por lo

---

[91] No existen imágenes artísticas de Dios en el arte cristiano primitivo del Imperio romano.

que estaban proscritos? Parece que no.

Pero su creatividad no permaneció oculta durante mucho tiempo, ya que los cristianos encontraron formas de eludir las molestas prohibiciones y crear arte que no llamara la atención de las autoridades romanas. Algunas obras simplemente mostraban relatos de la historia bíblica de los judíos. Historias como la de Noé y el Arca o la del profeta Samuel ungiendo rey a David retrataban figuras religiosas que expresaban su fe, pero que no preocupaban especialmente a los romanos.

Samuel ungiendo rey a David

https://commons.wikimedia.org/wiki/File:Dura_Synagogue_WC3_David_anointed_by_Samuel.jpg

A veces, los cristianos disfrazaban sus creencias con simbolismo artístico. Los temas de la muerte y la resurrección no podían representarse abiertamente, pero otras historias bíblicas, como la de Jonás y la ballena, se utilizaban para representar temas más delicados.

Jonás arrojado al mar
https://commons.wikimedia.org/wiki/File:Jonah_thrown_into_the_Sea.jpg

A veces, los cristianos adoptaban símbolos paganos y les daban un significado cristiano. Muchas de las primeras obras de arte contienen elementos tomados de antiguas religiones paganas, como la madre y el niño, toros, leones y pavos reales. ¿Por qué pavos reales? Se creía que su carne nunca se pudría, por lo que muchas culturas los consideraban un símbolo de vida eterna.

No todos los símbolos del cristianismo se tomaron prestados de otras religiones o culturas; algunos eran decididamente propios. El símbolo del pez nació de un acrónimo de las palabras «Jesucristo Hijo de Dios Salvador». La primera letra de cada palabra en griego deletrea la palabra *Ichthus* (ΙΧΘΥΣ), la palabra griega para pez.

Otra solución que utilizaron los cristianos fue representar a los personajes con disfraces romanos clásicos (togas y cortes de pelo romanos en lugar de narices postizas y lentes). Un gran ejemplo es una pintura llamada «El Buen Pastor».

El Buen Pastor de la Catacumba de Priscila, 250-300
https://commons.wikimedia.org/wiki/File:Good_shepherd_01_small.jpg

Como judío, Jesús habría vestido ropas judías con flecos y lucido barba, como todos los hombres judíos de la época. Pero aquí se lo representa como un pastor imberbe vestido con una toga, dos rasgos claramente grecorromanos.

Otra pintura muestra a Jesús como el Orfeo griego, un semidiós con un talento sobrenatural para la música y la escritura.

Jesús representado como Orfeo
https://commons.wikimedia.org/wiki/File:Christ-Orpheus_from_Rome_catacombe.jpg

El disfraz no era la única razón por la que el arte cristiano mostraba cosas que estaban fuera de lugar para judíos y cristianos. Tampoco habían desarrollado un estilo propio y tomaron prestado lo que conocían del arte de la época: rasgos grecorromanos clásicos e incluso características y símbolos tomados del arte egipcio y babilónico antiguo. Un ejemplo es un sarcófago muy ornamentado realizado poco después de que el Edicto de Milán legalizara el cristianismo. En el centro, el padre de Jesús, José, judío, tiene un aspecto muy romano. Los ángeles no fueron inmunes a un pequeño retoque de su imagen: también ellos llevan togas.

Cuando los cristianos no podían mostrar abiertamente su arte en la superficie, algunas de las obras más importantes del arte paleocristiano se encontraron bajo tierra. Las extensas catacumbas de Roma guardaban un tesoro virtual de arte en un lugar fácilmente oculto a la vista del público[92]. Los sarcófagos, como el de arriba, eran solo la punta del iceberg artístico. Pinturas, mosaicos, tallas e incluso vidrio de oro se utilizaban para representar figuras y escenas religiosas.

A menudo, sin embargo, el arte proclamaba la fe del difunto, a veces en grabados de frases semicrípticas como «al que bien lo merece». Junto al texto, podían utilizarse imágenes simbólicas para expresar la fe del difunto y su familia.

Otras veces, la fe del difunto se expresaba en pintura. Un ejemplo es la «Mujer velada», representada con los brazos extendidos en oración.

La Mujer velada

Imagen original de Kristicak. Subida por Kim Martins, publicada el 01 de abril de 2019. El titular del copyright ha publicado este contenido bajo la siguiente licencia: Creative Commons Attribution-ShareAlike; https://www.worldhistory.org/image/10353/the-cubiculum-of-the-veiled-woman/

---

[92] Pasadizos subterráneos con cámaras e insertos utilizados para enterrar a los muertos.

Tras la legalización del cristianismo, se produjo, como es comprensible, un gran cambio en el arte cristiano y su contenido: menos disfraz y más pintura abierta que representaba a Jesús en diversas escenas de su vida.

Jesús curando a la mujer con flujo de sangre
https://commons.wikimedia.org/wiki/File:Healing_of_a_bleeding_women_Marcellinus-Peter-Catacomb.jpg

Mosaico de Jesús predicando, Roma

Welleschik, CC BY-SA 3.0 <https://creativecommons.org/licenses/by-sa/3.0>, vía Wikimedia Commons;
https://commons.wikimedia.org/wiki/File:Apsis_mosaic,_Santa_Pudenziana,_Rome_W3.JPG

A medida que Roma y el cristianismo se acercaban, esa relación se reflejaba también en el arte cristiano. En un saludo al emperador, Jesús aparece pisando un león en un estilo muy similar al de las esculturas imperiales.

Cristo pisando a las fieras

José Luiz Bernardes Ribeiro;
https://commons.wikimedia.org/wiki/File:Christ_treading_the_beasts_-_Chapel_of_Saint_Andrew_-_Ravenna_2016.jpg

A pesar de tanta agitación e inestabilidad en el mundo de los cristianos, la difusión del cristianismo tuvo repercusiones inesperadas en el mundo creativo. Surgieron creaciones que tuvieron un impacto profundo y duradero en la historia del arte, no solo en Europa, sino en todo el mundo. La influencia del arte cristiano primitivo dejó huellas que pudieron verse en todo el arte europeo hasta el Renacimiento.

Conclusión

El cristianismo ha recorrido un largo camino desde principios del siglo I hasta nuestros días. Hoy es una de las principales ramas religiosas del mundo, con más de 2.300 millones de personas que se declaran cristianas, es decir, más de una cuarta parte de la población mundial. Desde sus orígenes, ha experimentado muchos cambios, algunos de los cuales el propio Jesús profetizó que ocurrirían.

A lo largo de dos milenios, el cristianismo cambió la forma de la cultura, la religión y, en muchos casos, la historia, aunque en muchos aspectos esa no era la intención original. El cristianismo primitivo no era solo una religión o una moda, sino todo un estilo de vida que miles de personas adoptaron con entusiasmo. Quienes lo seguían se adherían a principios como el amor, el altruismo y la virtud, entre otras cosas, no solo durante momentos especiales o rituales, sino también como parte de la vida cotidiana. Se esforzaban por aplicar las lecciones que Jesús enseñaba para realizar cambios reales y verdaderos en sí mismos para mejor. Y compartían ese mensaje porque querían que los demás tuvieran una vida mejor y una esperanza real de un futuro mejor.

Leer sobre la progresión del cristianismo desde los primeros apóstoles hasta los pequeños grupos de discípulos y la organización de congregaciones más grandes que se extendieron por todo el Imperio romano es algo más que una historia: es la herencia histórica de millones de personas. Dentro de ella hay miles de personas reales con muchas experiencias hermosas, desgarradoras y, a veces, aterradoras. Estas historias conforman el mosaico del cristianismo primitivo.

El mensaje que predicaban se basaba en una esperanza fuerte y duradera, no en una fe ciega o en ilusiones. A pesar de los muchos cambios que ha sufrido el cristianismo a lo largo de los siglos, las enseñanzas originales de Jesús y de los primeros cristianos siguen existiendo en la Biblia. Ese mensaje perdura hasta nuestros días y da a miles de millones de personas la esperanza de un mundo mejor y más brillante.

Vea más libros escritos por Enthralling History

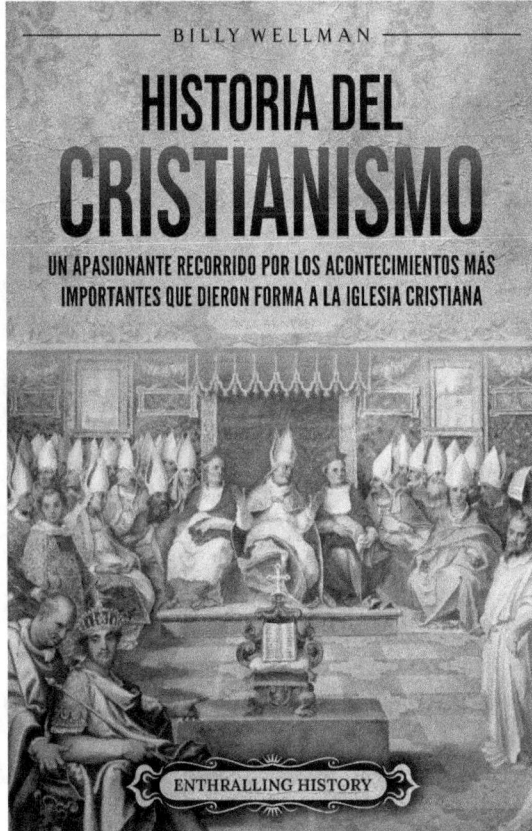

BILLY WELLMAN

HISTORIA DEL
CRISTIANISMO

UN APASIONANTE RECORRIDO POR LOS ACONTECIMIENTOS MÁS
IMPORTANTES QUE DIERON FORMA A LA IGLESIA CRISTIANA

ENTHRALLING HISTORY

Referencias

Edersheim, Alfred (1904) *The Life and Times of Jesus the Messiah.* London: Longmans, Green and Co.

Insight on the Scriptures, Volumen 2 p. 387. Messiah. Watchtower Bible and Tract Society of Pennsylvania. https://wol.jw.org

Encyclopedia Judaica Vol.05 (2007) Fred Skolnik, Editor in Chief Michael Berenbaum, Executive Editor

Judaism in the First Century (2009) Yale Courses. The Jews, Hellenization, and the Maccabees

https://www.jewishvirtuallibrary.org/the-ancient-greeks-and-the-jews-jewish-virtual-library

https://www.historytoday.com/archive/jews-greeks-and-romans

The Hellenization of the Jews. GH Gilbert. American Journal of Theology (1909) https://www.journals.uchicago.edu/doi/pdf/10.1086/478870

A Historical Atlas of the Jewish People: From the Time of the Patriarchs to the Present. Eli Barnavi (Editor). Schocken Books.

Knight, George Angus Fulton. "Maccabees". *Encyclopedia Britannica,* https://www.britannica.com/topic/Maccabees. Consultado el 20 de julio de 2022.

Pompey's Siege of Jerusalem. Jona Lendering. https://www.livius.org/articles/concept/roman-jewish-wars/

Flavius Josephus, Jewish War Volumen 2

The Jewish Encyclopedia. (1976, Vol. VIII, p. 508)

Britannica, The Editors of Encyclopedia. "Gospel According to Matthew". Encyclopedia Britannica, https://www.britannica.com/topic/Gospel-According-to-Matthew. Consultado el 21 de julio de 2022.

All Scripture Is Inspired of God and Beneficial. Watchtower Bible and Tract Society of Pennsylvania.

The Ecclesiastical History, Eusebius, of Caesarea, Bishop of Caesarea. Published 1942 Cambridge, Mass.: Harvard University Press

The Cyclopedia of Biblical, Theological, and Ecclesiastical Literature. James Strong and John McClintock; Haper and Brothers; NY https://www.biblicalcyclopedia.com/

The Slaughter of the Innocents https://biblearchaeology.org/research/new-testament-era/2411-the-slaughter-of-the-innocents-historical-fact-or-legendary-fiction

w12 4/1 pp. 18-19 ⬚ Apocryphal Gospels—Hidden Truths About Jesus?

Caesar Augustus: An Archaeological Biography 13 de diciembre de 2019 Bryan Windle https://biblearchaeologyreport.com/2019/12/13/caesar-augustus-an-archaeological-biography/

New Catholic Encyclopedia (1967) página 918. New York: McGraw-Hill Book Company

The Greatest Man Who Ever Lived. Watchtower Bible and Tract Society of Pennsylvania

Herod Archelaus https://en.wikipedia.org/wiki/Herod_Archelaus editado por última vez el 21 de agosto de 2022

Traducciones de la Biblia:

Traducción del Nuevo Mundo

Versión Byington

Versión Interlineal del Reino

Versión del rey Jacobo

"Sea of Galilee Boat (Jesus Boat)". Madain Project. Extraído el 1 de septiembre de 2022. https://web.archive.org/web/20200929210904/https://madainproject.com/boat_of_jesus

The Imperial Bible Dictionary (1866) Cross, Crucify página 376. London: Blackie and Son.

"Bearing Thorough Witness" About God's Kingdom. Watchtower Bible and Tract Society of Pennsylvania

The Germans of Galacia https://sites.ualberta.ca/~german/AlbertaHistory/Galicians.htm

Britannica, The Editors of Encyclopedia. "Phrygia". Encyclopedia Britannica, https://www.britannica.com/place/Phrygia. Consultado el 9 de octubre de 2022.

Macedonian History https://macedonian.org/our-culture/macedonian-history/

Konstan, David, "Epicurus", *The Stanford Encyclopedia of Philosophy* (Edición otoño 2022), Edward N. Zalta & Uri Nodelman (eds.) https://plato.stanford.edu/archives/fall2022/entries/epicurus/

Baltzly, Dirk, "Stoicism", *The Stanford Encyclopedia of Philosophy* (Edición primavera 2019), Edward N. Zalta (ed.) https://plato.stanford.edu/archives/spr2019/entries/stoicism/

Christopher W. Blackwell, "The Council of the Areopagus", in C.W. Blackwell, ed., *Dēmos: Classical Athenian Democracy* (A. Mahoney and R. Scaife, ed., *The Stoa: A Consortium for Electronic Publication in the Humanities* [http://www.stoa.org]) edición del 26 de enero de 2003.

Cartwright, M. (2009, September 02). Corinth. *World History Encyclopedia*. Retrieved from https://www.worldhistory.org/corinth/ 3 de octubre de 2022.

Lystra https://www.allaboutturkey.com/lystra.html

Cartwright, M. (2016, May 04). Philippi. *World History Encyclopedia*. Extraído de https://www.worldhistory.org/Philippi/ 3 de octubre de 2022.

Cartwright, M. (2016, May 01). Thessalonica. *World History Encyclopedia*. Extraído de https://www.worldhistory.org/Thessalonica/ 3 de octubre de 2022

"Greek Language, Early Christian and Byzantine". New Catholic Encyclopedia. Extraído el 04 de febrero de 2023 de Enciclopedia.com: https://www.encyclopedia.com/religion/encyclopedias-almanacs-transcripts-and-maps/greek-language-early-christian-and-byzantin

Kelly, John N.D. "Apologist". Encyclopedia https://www.britannica.com/topic/Apologist. Consultado el 1 de febrero de 2023.

Lévy, Carlos, "Philo of Alexandria", *The Stanford Encyclopedia of Philosophy* (Edición otoño 2022), Edward N. Zalta & Uri Nodelman (eds.), URL = <https://plato.stanford.edu/archives/fall2022/entries/philo/>.

Santrac, Aleksandar S. (2013). Three I know not what: The influence of Greek philosophy on the doctrine of Trinity. In die Skriflig, 47(1), 1-7. Extraído el 11 de febrero de 2023, de http://www.scielo.org.za/scielo.php?script=sci_arttext&pid=S2305-08532013000100059&lng=en&tlng=en.

Ruben Ortega|9 de junio de 2016|Chronology, Expansion of Christianity, The Life of Early Christians https://www.earlychristians.org/the-life-of-early-christians/

J. Warner Wallace Publicado el 18 de mayo de 2020 Lessons for Today's Church from the Life of the Early Church https://coldcasechristianity.com/writings/lessons-for-todays-church-from-the-life-of-the-early-church/.

Jonas, Hans "Gnosticism. " Encyclopedia of Philosophy. Extraído el 04 de marzo de 2023 de Encyclopedia.com: https://www.encyclopedia.com/humanities/encyclopedias-almanacs-transcripts-and-maps/gnosticism

"Gnosticism" by Edward Moore, *The Internet Encyclopedia of Philosophy*, ISSN 2161-0002, https://iep.utm.edu/, 4 de marzo de 2023

Britannica, T. Editors of Encyclopedia *Ebionite. Encyclopedia Britannica.* https://www.britannica.com/topic/Ebionites

Arendzen, J. (1909). Ebionites. In The Catholic Encyclopedia. New York: Robert Appleton Company. Extraído el 12 de marzo de 2023 de New Advent: http://www.newadvent.org/cathen/05242c.htm

Krauss, Samuel. "Nazarenes". *Jewish Encyclopedia*. Estraído el 23 de marzo de 2023. *jewishencyclopedia.com.*

David Eastman (Translations & Introductions). *The Ancient Martyrdom Accounts of Peter and Paul.* (SBL Press: Atlanta, 2015).

Britannica, T. Editors of Encyclopedia). *St. Clement I. Encyclopedia Britannica.* https://www.britannica.com/biography/Saint-Clement-I

Catholic Online, Pope St. Clement I https://www.catholic.org/saints/saint.php?saint_id=37

Catholic Encyclopedia (1913) Pope St. Clement I by Henry Palmer Chapman, https://en.wikisource.org/wiki/Catholic_Encyclopedia_(1913)/Pope_St._Clement_I

John Malham, Foxs Book of Martyrs (1856)

The Martyrdom of Polycarp. Traducido por J.B. Lightfoot. Versión abreviada y modernizada por Stephen Tomkins. Editado y preparado para la web por Dan Graves. https://christianhistoryinstitute.org/study/module/polycarp

Watchtower Bible and Tract Society 'Away with the Godless!' w89 11/15 pp. 21-23

Wingren, G. (8 de abril de 2023). St. Irenaeus. Encyclopedia Britannica. https://www.britannica.com/biography/Irenaeus

Irenaeus of Lyons, Grant, Robert M. (Robert McQueen), 1917-2014 London ; New York : Routledge

Britannica, T. Editors of Encyclopedia (Invalid Date). *Saint Hippolytus of Rome. Encyclopedia Britannica.* https://www.britannica.com/biography/Saint-Hippolytus-of-Rome

The Ante-Nicene Fathers: The Writings of the Fathers down to A.D.325 (1995) Peabody (Mass.): Hendrickson

Maritano, Mario, "Basileiad", en: Brill Encyclopedia of Early Christianity Online, editor genetal David G. Hunter, Paul J.J. van Geest, Bert Jan Lietaert Peerbolte. Consultado en línea el 20 de mayo de 2023 http://dx.doi.org/10.1163/2589-7993_EECO_SIM_00000395

Kraft, Heinrich, Early Christian Thinkers: An Intro to Clement of Alexandria and Origen (1964) New York: Association Pr.

Pedrozo, José M. "The Brothers of Jesus and his Mother's Virginity". *The Thomist: A Speculative Quarterly Review* 63, no. 1 (1999): 83-104. https://doi.org/10.1353/tho.1999.0044.

Who Was Mary Magdalene? Bible Questions Answered p. 172 Watchtower Bible and Tract Society of Pennsylvania

Britannica, T. Editors of Encyclopedia (Invalid Date). St. Mary Magdalene. Encyclopedia Britannica. https://www.britannica.com/biography/Saint-Mary-Magdalene

F.F. Bruce, "Christianity Under Claudius", Bulletin of the John Rylands Library 44 (marzo 1962): 309-326.

Clugnet, Léon. "St. Catherine of Alexandria". The Catholic Encyclopedia. Vol. 3. New York: Robert Appleton Company, 1908. 6 de junio de 2023 <http://www.newadvent.org/cathen/03445a.htm>.

Britannica, T. Editors of Encyclopedia St. Barbara. Encyclopedia Britannica. https://www.britannica.com/biography/Saint-Barbara

Mark Galli (1990) Persecution in the Early Church: A Gallery of the Persecuting Emperors https://christianhistoryinstitute.org/magazine/article/persecution-in-early-church-gallery

"Nero Persecutes the Christians, 64 A.D.". EyeWitness to History, www.eyewitnesstohistory.com (2000).

Mark Wilson (4 de mayo de 2023) Alternative Facts: Domitian's Persecution of Christians, https://www.biblicalarchaeology.org/daily/biblical-topics/post-biblical-period/domitian-persecution-of-christians/

The Works of Josephus, translated by William Whiston, Hendrickson Publishers, 1987

Keresztes, P. (1968). Marcus Aurelius a Persecutor? *Harvard Theological Review, 61*(3), 321-341. doi:10.1017/S0017816000029230

The Acts of the Christian Martyrs, textos y traducción de Herbert Musurillo. (c) Oxford University Press, 1972

Paul Johnson (1928) A History of Christianity. New York: Atheneum

Constantine the Great—A Champion of Christianity? (1998) Watchtower Bible and Tract Society of Pennsylvania

Carroll, Warren (1987), The Building of Christendom, Front Royal VA: Christendom College Press, consultado el 24 de julio de 2023.

Knox, J. S. (2016, 23 de agosto). The Monastic Movement: Origins & Purposes. *World History Encyclopedia*. Retrieved from https://www.worldhistory.org/article/930/the-monastic-movement-origins--purposes/

5 Ways Christianity Spread Through Ancient Rome, Becky Little. HISTORY. A&E Television Networks. Consultado el 8 de septiembre de 2023 https://www.history.com/news/5-ways-christianity-spread-through-ancient-rome

Fletcher, R.A. The barbarian conversion: from paganism to Christianity (1999) Berkeley, Calif.: University of California Press

Dietz, Maribel (2005). Wandering Monks, Virgins, and Pilgrims: Ascetic Travel in the Mediterranean World, A.D. 300-800. *Pennsylvania State University Press.*

Dr. Allen Farber, "Early Christian art", in *Smarthistory*, 8 de agosto de 2015, consultado el 26 de septiembre de 2023, https://smarthistory.org/early-christian-art/.

Dr. Allen Farber, "Santa Pudenziana", in *Smarthistory*, 16 de agosto de 2023, consultado el 26 de septiembre de 2023, https://smarthistory.org/santa-pudenziana/.

Jason David BeDuhn, La verdad traducida. University Press of America 2003.

www.ingramcontent.com/pod-product-compliance
Lightning Source LLC
LaVergne TN
LVHW051740080426
835511LV00018B/3154